THE PRACTITIONER'S GUIDE TO PROGRAM MANAGEMENT

项目集管理实践指南

[美] 艾琳·迪丁斯基 著
(Irene Didinsky)
傅永康 陈正洪 苏金艺 译

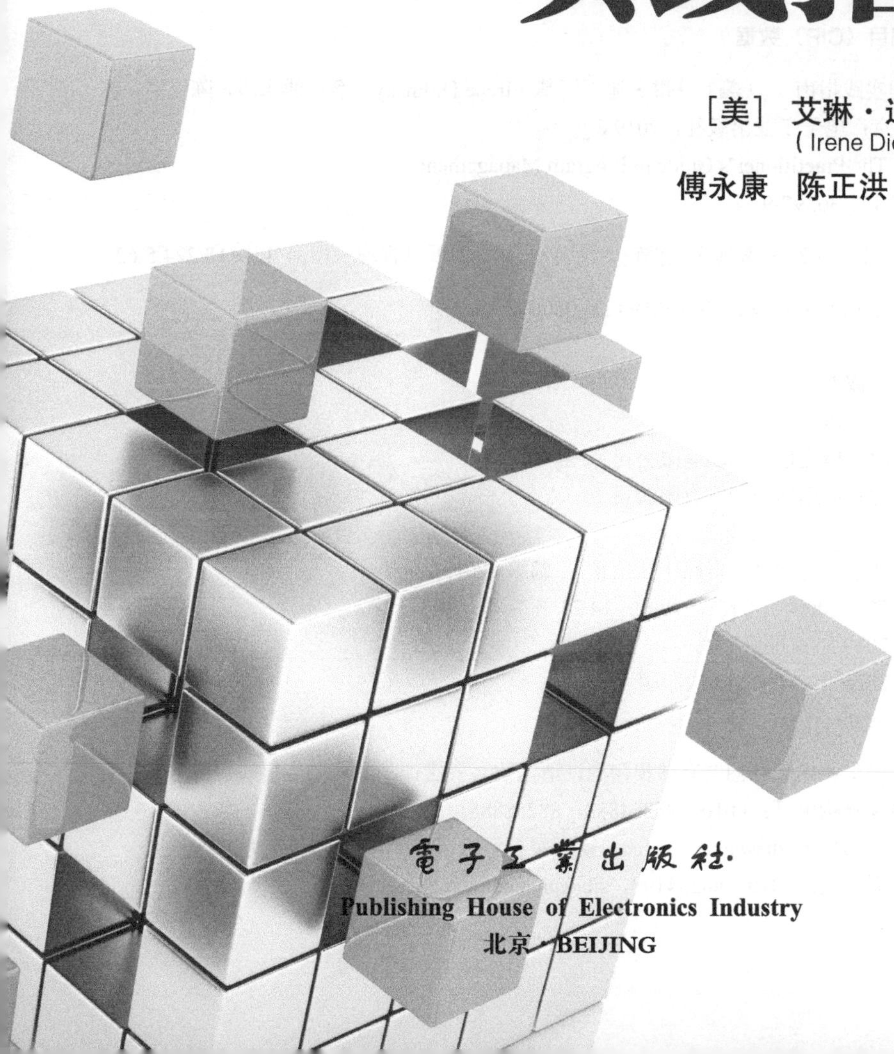

電子工業出版社
Publishing House of Electronics Industry
北京·BEIJING

版权贸易合同登记号　图字：01-2018-2660

图书在版编目（CIP）数据

项目集管理实践指南 /（美）艾琳·迪丁斯基（Irene Didinsky）著；傅永康，陈正洪，苏金艺译. —北京：电子工业出版社，2019.6

书名原文：The Practitioner’s Guide to Program Management

ISBN 978-7-121-36397-9

Ⅰ. ①项… Ⅱ. ①艾… ②傅… ③陈… ④苏… Ⅲ. ①项目管理－指南 Ⅳ. ①F224.5-62

中国版本图书馆 CIP 数据核字（2019）第 080072 号

策划编辑：刘露明

责任编辑：刘淑敏

印　　刷：北京捷迅佳彩印刷有限公司

装　　订：北京捷迅佳彩印刷有限公司

出版发行：电子工业出版社

北京市海淀区万寿路 173 信箱　　邮编 100036

开　　本：720×1000　1/16　印张：14.25　字数：193 千字

版　　次：2019 年 6 月第 1 版

印　　次：2025 年 2 月第 13 次印刷

定　　价：69.00 元

凡所购买电子工业出版社图书有缺损问题，请向购买书店调换。若书店售缺，请与本社发行部联系，联系及邮购电话：（010）88254888，88258888。

质量投诉请发邮件至 zlts@phei.com.cn，盗版侵权举报请发邮件至 dbqq@phei.com.cn。

本书咨询联系方式：（010）88254199，sjb@phei.com.cn。

译者序

我第一次见到《项目集管理实践指南》英文原著是在 2017 年 10 月底去芝加哥参加 PMI 全球大会的时候，受电子工业出版社刘露明老师的影响，会上特别关注了一下 PMI 展出的项目管理英文出版物，除了备受瞩目的最新出炉的《PMBOK®指南》（第 6 版）原版，这本《项目集管理实践指南》也给我留下了很深的印象，便给刘老师做了本书的推荐，后来也有幸应她的邀请来牵头翻译这本书。

我与项目集管理结缘，最初来自 5 年前参与翻译 PMI 的《项目集管理标准》（第 3 版），翻译的过程也是一个自我学习与思考的过程，所以当时也开始思考与项目集有关的问题。从表面上看，项目集可以视为包含众多内在关联的子项目的大项目，但如果仅仅是这样的表面理解，那么项目集存在的意义并不大，因为 PMBOK 中的 WBS 就足以把这个大项目所涉及的子项目范围全部涵盖。所以，项目集管理在标准和实践中一定有其内在的不同于项目管理的定位和差异。

作为学习者，光有自己的思考还远远不够，最好能借鉴他人的见解。不过相对于项目管理，项目集管理方面的国内外著作数量比较有限，我认为比较有参考价值的书籍包括米歇尔·西里所著的《项目集管理》和马提内利等所著的 *Program Management for Improved Business Result*，尤其后者提出的项目集管理连续体思想在本书中得到了进一步的发扬。

迪丁斯基女士的这本书以PMI项目集管理标准为基础，结合一个呼叫中心项目集实践案例，对项目集管理的历史、现状与未来发展，项目集的定位与价值，项目集经理的角色认知，项目集管理五大绩效域，项目集管理基础设施，项目集绩效管理等方面进行了深入浅出的阐述。相信本书的出版，对于广大中国项目管理和项目集管理从业人士更好地理解PMI项目集管理标准，进行项目集管理，准备PgMP认证考试会提供有益的帮助。

本书的翻译，得到了陈正洪老师（第5~8章）和苏金艺老师（第9~11章）的通力合作，以及韩天时先生、杨清女士的大力支持，作者迪丁斯基女士也为本书的个别值得斟酌之处提供了宝贵的解释意见，在此一并感谢！

傅永康

于上海清晖

致中国读者

中国已成为世界第二大经济体，着实给我留下了深刻的印象。这种演变仍在继续，中国将很快超过美国成为全球最大经济体。

中国企业在全球范围内积极寻求在石油、清洁能源、建筑、铁路和矿业领域的合作和发展机会。与全球企业的交流互动使得中国的项目方法论和实践更加规范化。空前的经济增长推动中国大陆大规模的城市化，这创造了对住房、科技及服务的需求。城市化带来了大量的与基础设施和IT有关的巨型项目。

我的这本书是连接中西方的一个桥梁。本书将介绍西方的项目管理理念，帮助规范中国的项目方法论和实践，从而确保大型项目集和项目按时且高盈利地执行。

我不仅在项目集和项目管理方面有丰富的经验，还对中国文化有深入的了解。我来自俄罗斯，中俄两国在漫长的历史长河中都有密切的合作。我曾就职于中国香港的中电集团（CLP），与许多来自中国大陆的同事一起工作，这让我对中国的商业文化及项目集和项目管理的使用有所洞悉。在学习中国文化的时候，我还去了上海和北京。在美国，我在一家华人创办的名叫远东国际系统的企业工作，该公司的运作方式与中国大陆的任何一家

IT 公司都非常相似，每天都为我提供了充分融入中国商业世界的机会。

本书无论是对企业还是个人都有帮助。企业将能学习如何将项目集和项目与公司战略保持一致，如何争取西方企业的参与和合作，如何管理大规模的项目集和项目，如何领导地域上分散的团队，如何按时执行项目集和项目以快速实现收益。

项目集和项目经理将能提高他们的专业水平，学习到西方项目集和项目管理的知识，并获得多种方法和模板确保项目集和项目按时按预算被执行。

中国的发展一直以来都依靠人的力量。国家领导人正在对人力资本进行投资，包括培养新一代的项目集和项目管理领导者。中国大陆有 100 多所大学开设了工程项目管理硕士学位课程。这本书能帮助项目管理课程的学习及考试的通过。这样就能帮助学习者获得新的就业机会和确保职业发展。

中国正在成为项目集和项目管理领域的新领军者，将很快重塑世界对大型项目集和项目的看法。PMI 中国成立于 2008 年，目前中国大陆已经有超过100万名的中国学员参加PMI项目管理培训课程。在10年的时间里，已经有 212 500 名中国职业人士成为 PMP（项目管理专业人士），约占目前全球 PMP 总数的 25%（根据 2018 年 9 月 PMI 数据）。这本书将在学习和成功通过 PMP 与 PgMP（项目集管理专业人士）考试上提供帮助，从而确保他们在就业市场能获得更高收入的工作机会。

本书是一本手册，读者可以从头到尾阅读，或者根据自己的需要，每次只读一章。它能当作桌面手册用于端到端的实施工作或特定领域的工作。本书共有 11 章，下面是其中 6 章的重点，以说明这本书如何作为中西方之间的桥梁：

什么造就成功的项目集经理：本章将帮助中国读者了解西方项目集和

项目管理的风格。反过来能确保他们与跨国企业的成功合作，以及与国际同事和经理富有成效地工作。通过使用本章的知识，项目集和项目经理能提高他们的专业技能，而这将转化为成功的项目集或项目且拓宽职业机会。

项目集战略一致性： 本章深入分析了项目集和项目与公司战略的一致性。读者将学习如何将项目集和项目的目标与公司的目标保持一致。这个章节对公司领导人、高管及中层管理人员同样重要。通过学习项目集和项目战略一致性，高管将能够为公司创造更多的收益，项目集和项目经理通过成功执行项目集和项目而获得晋升。

利益相关方参与： 本章描述了不同于中国的西方利益相关方的参与和管理方式。在美国，项目集和项目的执行采用的是具有标准化过程的系统化方法。在中国，项目的执行往往不那么严格，最终责任往往落到发起人和高管身上。与西方公司做业务的读者需要学习在做决策的过程中如何争取客户的有效参与。这可以通过学习本章概述的西方成功的利益相关方参与方法论得以实现。

项目集治理与团队管理： 本章将帮助读者学习管理地域上分散的大团队。项目集和项目经理将学习如何让全球的团队参与到项目中并且确保所有的团队都为共同的目标而努力。本章适用于在不同地域和时区拥有分公司的大型组织。本章在降低沟通成本，减少战略不一致及管理不当方面都至关重要。

项目集生命周期管理： 本章定义了项目集和项目的生命周期及其各个组成部分，并概述了一个成功的项目需要具备的条件。本章介绍了如何启动、执行及收尾一个项目集或项目。西方与中国的项目集和项目实践之间的主要区别之一是，中国人往往较少关注项目集和项目的规划，以使其对突发变化具有灵活性。了解中西方之间的差异并且学习西方的方法，将差异转变成可持续发展的项目集和项目是关键所在。

项目集管理基础设施：本章介绍了项目集和项目的预算与进度。本章将教授读者如何使用微软项目管理软件来管理带有预算和时间指标的项目集和项目。时间管理对于高盈利地执行项目集和项目是至关重要的。我深谙中国人有多么珍惜时间。本章将教授读者如何有效地管理时间，并如何将其转化成有利可图的项目集和项目。

艾琳·迪丁斯基

导　论

有很多因素会导致项目集执行失败，如项目集管理的知识差距，组织和行业对项目集定义的差异，缺乏标准化的方法等。关于项目集管理的话题，只有很少的书籍出版，且相关的培训机会寥寥无几。

《项目集管理实践指南》弥合了项目集管理的知识差距，并且提供了前所未有的项目集管理桌面手册。本书的目的是对项目集管理做出定义，为项目集管理描绘出一种方法，并用真实的案例来加以说明。迄今为止，这种关键的方法并没有被很好地诠释和记录，通常取决于从事实际工作的项目集经理的知识和技能。

组织为什么从事项目集和项目？什么是项目集？如何把它与项目区分开来？如何实施项目集？本书会对这些问题给出答案，并提出一些其他的问题。

作者艾琳·迪丁斯基女士通过把项目集管理的所有重要组件展示给读者，讨论了是什么造就了成功的项目集经理，项目集与组织战略一致性的重要性，项目集实现收益的方式，项目集管理基础设施，以及更多相关内容。这种项目集管理的系统性方法将保证项目集的成功执行，也有助于项目集管理方法的标准化，减少目前存在的差异。本书的每章都包含实际示例。

本书是独具特色的学术型实践指南，书中每页都能给读者带来有价值的潜在收益。本书的结构和语言清晰易懂，在图表的帮助下，清楚地阐述了关键的术语和概念。

什么是项目集管理 第1章构建了一条时间线以描述项目集和项目管理行业演进过程中的重要里程碑。本章分析了项目集管理行业现状，识别了差距，弥合差距将确保行业的未来发展。本章对项目集进行了定义，并将项目集与项目和项目组合进行了比较，说明它们对于实施组织战略所发挥的作用。本章也描述了组织有效利用和实施项目集的原因。

什么造就成功的项目集经理 项目集经理是成功实施项目集的关键驱动者。项目集经理通过建立项目集框架、领导项目经理及交付项目集收益来执行项目集。这是为何定义项目集经理角色及理解什么是帮助项目集经理获得成功的重要原因。

本章描述了组织结构如何定义项目集经理的角色。本章介绍了项目集管理连续体，该概念阐释了在项目导向型和项目集导向型组织结构中的四个阶段，定义了在项目集管理连续体中的每个阶段中项目集经理的角色。本章说明了项目集基础设施如何使项目集经理发挥领导作用。本章也提出了一个能力框架用于审查成为一名成功的项目集经理的能力。本章以一张对项目集、项目和项目组合经理的角色进行比较的表格作为结束。

项目集战略一致性 本章深入分析了项目集战略一致性绩效域，并描述了项目集与组织战略一致性的关键性。本章也描述了项目集经理和项目集发起人所制定的基本要素，从而可以确保整个项目集生命周期中项目集战略的一致性。这些基本要素包括项目集商业论证、项目集路线图、环境分析及阶段关口评审。

在定义阶段，为了确保项目集与组织战略的初始一致性，项目集经理创建商业论证和项目集路线图。项目集经理进行环境分析，将分析结果输入商业论证和路线图中。在收益交付阶段，项目集经理实施阶段关口评审，确保项目集持续地与组织战略保持一致性。

项目集收益实现与管理 收益实现是组织实施项目集的主要原因之一。本章深入分析了项目集收益实现绩效域，对收益进行定义，并描述了项目集实现的多种收益类型。本章对商业价值和商业结果的定义帮助我们理解这两者之间的区别，并为此提供了示例。分析项目集管理连续体表明了收益交付的增长方式已从项目导向型组织结构转变为项目集导向型组织结构。本章也描述了通过实施收益管理战略的五个阶段来实现收益管理，包括收益识别、收益分析与规划、收益交付、收益移交和收益维持。

利益相关方*参与 由于利益相关方在项目集中有不同程度的利益，基于他们的需求来管理期望是十分重要的。本章描述了利益相关方参与绩效域，包括如何争取利益相关方参与并管理利益相关方。本章引入了利益相关方地图和允许管理利益相关方的工具。本章以描述如何管理利益相关方冲突优先级排序作为结束。

项目集治理与团队管理 运用项目集管理连续体，本章定义了项目集治理绩效域，并阐述了组织结构如何定义项目集治理结构。本章对项目集治理角色进行了定义，并展示了每个角色在项目集治理结构中如何匹配。本章也剖析了这些角色如何作为一个项目集团队一起工作。本章对项目集团队中的三个主要职能区域做出了定义，展现了每个职能区域都包括哪些角色，以及每个职能区域都应履行哪些职责。本章通过描述项目集经理如何建设、领导及解散项目集团队作为结束。

项目集生命周期管理 本章对项目集生命周期绩效域做出了定义，并在整个项目集生命周期中对项目集执行制定具体方法。通过执行一系列阶

---

* 利益相关方（Stakeholder），此术语在《项目管理知识体系指南》（PMBOK®指南）（第6版）中译为相关方。

段的工作实现项目集的收益交付，从而制定项目集生命周期。项目集生命周期包括三个阶段：定义、收益交付和收尾。定义阶段的目的是扩展商业论证和战略规划目标，并对项目集预期成果进行充分定义。收益交付阶段的目的是整合并管理项目集组件，促进预期项目集收益交付。收尾阶段的目的是实施可控的项目集收尾工作。

项目集管理基础设施 本章开头描述了项目集经理在项目集收益交付中的采购方法。本章研究了项目集基础设施，包括有效管理一个项目集所需的系统和工具。本章描述了如何建立并维持一个项目集管理计划，这份重要文档可以确保项目集与组织战略的一致性，并按时按预算交付收益。本章分析了项目集监督和定期评估的工具。本章也对风险做出了定义，并对风险管理和升级机制做出审查。本章以描述项目集变更流程、质量控制流程和项目集沟通管理作为结束。本章也使用桌面手册，因为其中包含多个项目集管理工具和模板。

有效的项目集管理 项目集经理在整个项目集生命周期中监督项目集实施，并确保按时间按预算进行项目集收益交付，同时保证有效的资源管理。本章细致地描述了用于按时交付项目集的活动和工具，也描述了项目集财务管理，这对于按预算交付来说是十分必要的，包括项目集每个阶段的预算、预测及实际成本管理。每个计算都用财务管理表格的示例来加以说明，并配有如何进行计算的具体描述。本章用项目集每个阶段的有效资源管理作为结束，包括资源预测、估算和实际跟踪。

项目集管理行业的现状和未来 本章讨论了项目集管理行业的未来。为了理解行业如何才能增长及在哪些方面需要改进，剖析了项目集管理行业的现状并关注现有的差距。因为项目集管理行业在全球范围内运营，所以本章讨论了全球环境和未来趋势。利用项目集管理行业的现状和全球环境的未来趋势，本章试图定义项目集管理行业的未来状态。

项目集管理实践社区 项目集经理需要了解组织环境，因为项目集经理要对项目集管理结构做出定义并塑造项目集经理的角色。既然被授权以业务为导向的项目集经理角色，那么项目集经理应该影响以业务为导向的项目集管理结构。项目集经理所能使用的场所之一就是项目集管理实践社区（Program Management Community of Practice，PgMCoP）。实践社区可作为项目集管理现状分析、项目集流程改进倡议讨论、项目集最佳实践和知识分享的一个论坛。本章定义了实践社区对组织和项目集经理的价值，并描述了它们的基础、结构和运营。

本书是一本业界急需的项目集管理实践指南，也为项目集管理培训课程奠定了基础。最重要的是为项目集管理行业标准化做出了贡献。

目 录

第 1 章 什么是项目集管理

本章构建了一条时间线，以描述项目集和项目管理行业发展演进过程中的几个重要的里程碑。本章分析了项目集管理行业的现状，识别了差距，这些差距的弥合将能确保行业的未来发展。本章对项目集做出了定义，并将它与项目和项目组合进行比较，阐明了它们在执行组织战略中所扮演的角色。本章也描述了组织开展项目集的原因及如何实施项目集的方式。

本章包括以下部分：

- 项目集管理行业的历史与现状。
- 项目集、项目和项目组合的定义。
- 为什么组织部署项目集。
- 项目集管理绩效域。
- 项目集生命周期。

项目集管理行业的历史与现状

为了确保组织能够成功有效地运用项目集管理，人们了解项目集管理行业的历史与现状就显得尤为重要。在很多方面，项目集管理行业受到项目管理行业的影响。因此，为了了解项目集管理行业的发展过程，我们将构建一条时间线，用于展示项目集管理行业和项目管理行业发展演进过程中的重要里程碑。我们也会分析项目集管理的现状、识别差距，弥合这些差距将确保行业的未来发展。

20 世纪 40 年代，项目集管理在美国军方开始演进。制造原子弹的曼哈顿计划首次提出了项目集管理的概念。然而，直到 20 世纪 80 年代，一些商业公司才开始在它们的公司运营中采用项目集管理的概念和工具。

项目管理几乎与项目集管理同时发展演进。20 世纪 50 年代，组织开始应用正规的项目管理方法、工具和技术。不过，人类项目管理的实践形式最早可追溯到数千年以前，建造埃及金字塔和中国古长城的时期。

在图 1-1 的时间线中描述了项目集管理行业和项目管理行业发展演进过程中的关键里程碑。

↘ 1940

1. 20 世纪 40 年代，制造原子弹的曼哈顿计划首次提出了项目集管理概念。

↘ 1950

2. 20 世纪 50 年代，制造美国首个洲际弹道导弹的阿特拉斯（Atlas）项目运用了项目集管理实践。

3. 现代意义的项目管理实践始于 20 世纪 50 年代，即便项目管理概念在早期文明中以某种形式应用过。

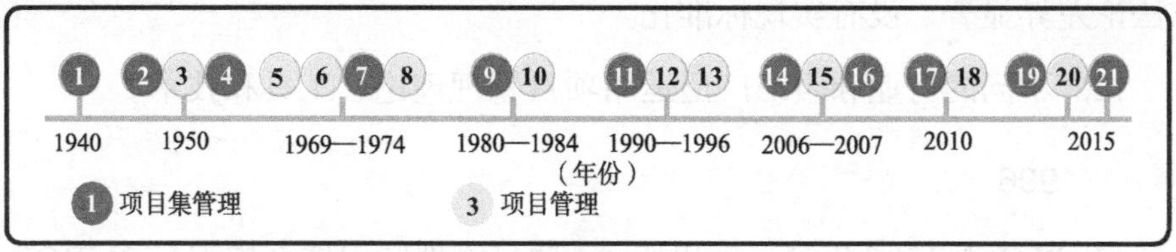

图 1-1　项目集管理行业和项目管理行业发展演进过程中的关键里程碑

4. 项目集管理最初的文字记录可追溯到 1957 年，当时美国海军部组建了第一个项目集办公室，称为特殊项目办公室（Special Project Office，SPO）。

↘ 1969

5. 项目管理协会（Project Management Institute，PMI）于 1969 年成立。

↘ 1971

6. 第一个项目集管理课程在 1971 年由美国国防管理学院举办。

↘ 1974

7. 第一个 PMI 分会于 1974 年获得授权在得克萨斯州休斯敦成立。

↘ 1980

8. 项目集管理实践开始扩展到许多行业的公立组织和私营组织中。

9. 制造行业和软件开发行业运用项目管理实践。

↘ 1984

10. 1984 年，PMI 推出了项目管理专业人士（Project Management Professional，PMP）认证。

↘ 1990

11. 项目集管理实践继续扩展，组织开始对项目集管理进行定义，并且开始开发专属的项目集实施方法。不同组织之间对项目集管理的定义与方法论差异显著，没有实现标准化。

12. 不同的行业和组织广泛运用项目管理理论、工具和技术。

↘ 1996

13. PMI 于 1996 年第一次出版了《项目管理知识体系指南》（PMBOK® 指南）（*A Guide to the Project Management Body of Knowledge，PMBOK® Guide*）。该指南提供了项目管理行业的标准化定义和方法论。

↘ 2006

14. PMI 于 2006 年第一次出版了《项目集管理标准》（*The Standard for Program Management*）。迄今为止，PMI 出版了该标准的两个后续版本。该标准提供了项目集管理行业的标准化定义和方法论。

15.《职业脉搏调查®》（*Pulse of the Profession®*）是 2006 年由 PMI 首次发布的一份项目管理行业年度报告。虽然项目集管理行业并没有一份行业报告。但项目管理行业报告通常包含了项目集管理行业的数据。

↘ 2007

16. PMI 于 2007 年推出了项目集管理专业人士（Program Management Professional，PgMP）认证。

↘ 2010

17. 根据《职业脉搏调查®》报告，项目集管理行业持续增长，2010 年有 62%的组织、2011 年有 65%的组织始终或经常运用项目集管理。

18. 根据《职业脉搏调查®》报告，项目管理行业持续增长，2010 年有 59%的组织、2011 年有 63%的组织在所有部门中运用标准化项目管理。

19. 根据 2015 年 2 月 PMI 的报告，项目集管理专业人士持证者达 1 200 人。

↘ 2015

20. 根据 2015 年 2 月 PMI 的报告，项目管理专业人士持证者达 647 663 人。

21. 在 2015 年 12 月，如图 1-2 中所显示的，项目集管理专业人士认证在自由百科全书维基百科中没有专门页面。项目管理专业人士认证在维基百科中有此页面。

> **↘ 项目集管理专业人士**
>
> 摘自维基百科，自由的百科全书
>
> 维基百科没有关于项目集管理专业人士的词条，请更换标题或拼法在维基百科中搜索《项目集管理专业人士》。
>
> - 登录或者创建一个账户开始阅读《项目集管理专业人士》，或者使用文章向导，抑或添加一个请求。
> - 在现存的文章中搜索"项目集管理专业人士"。
> - 在维基百科内查找与此标题链接的网页。

图 1-2 维基百科，自由的百科全书，没有项目集管理专业人士认证的页面

在项目集和项目管理行业发展演进时间线中的几个关键里程碑包含了一些术语，其定义如下：

项目管理协会是一个国际组织，通过制定标准、认证教育和职业发展，以及开展研究和专业会议，来促进项目管理专业领域的发展。

项目管理专业人士是最重要的受行业认可的项目经理认证。

项目集管理专业人士是先进经验和技能的明显标志，在就业和晋升中给予你显著的优势。

《PMBOK®指南》是一套项目管理的标准术语和指导方针（知识体系）。

《项目集管理标准》是第一份可供详细理解项目集管理的文本，它定义了项目集管理的标准化方法，并概述了执行项目集的方法论。

即使项目集管理行业和项目管理行业几乎同时演进，并且从演进之初就已经有了增长，但项目集管理行业比项目管理行业增长速度要缓慢。结果导致大量研究都投入了项目管理行业，而没有投入项目集管理行业。

项目管理行业专家拉马尼说，他在项目集管理行业中并没有看到太多的趋势研究。同样，甚至在项目管理研究中，他也注意到由于许多组织使用了很多含混不清、相互矛盾的定义，对于项目管理和项目集管理之间存在混淆。

通过与项目管理行业在诸多重要领域如行业发展、战略一致性和行业标准化做比较，我们来分析项目集管理行业的现状。

项目集管理行业的发展

项目集管理实践在美国其实并未普及，而项目管理实践在美国已经普及且广泛应用。项目集管理获得了全球某种程度的认可，而项目管理已在全球范围内获得广泛认可。这些事实表明，项目集管理行业的发展和传播依然有限。

在 2010 年，美国有近 550 万个项目管理就业岗位。到 2020 年，这个数据有望增至近 620 万个，或者以超过 12%的两位数增长。项目管理在全球范围内得到实践。在 2010—2020 年，项目管理专业预计在全球范围内贡献增长价值 6.61 万亿美元。

项目集管理行业的分析十分有限，这是国内外行业当前规模和未来增长的类似数据都不具备的原因造成的。现有数据表明，项目管理行业要比项目集管理行业增长规模大。例如，41%的组织都极其或非常重视员工在项目管理方面的培训与发展，但只有 18%的组织关注员工的项目集管理培训与发展。与欠发达的组织文化相比，在敏捷方面高度发达的组织文化更显著地关注员工的培训与发展。

- 项目管理：发达文化 66% 与欠发达文化 13%。
- 项目集管理：发达文化 44%与欠发达文化 4%。

敏捷是指用迭代、增量的方法来管理工程、信息技术和其他商业领域的设计与建造活动，旨在以高度灵活与相互交互的方式提供新产品或服务的开发。

更多的组织在使用项目管理，其中 31%的组织始终使用，35%的组织经常使用，22%的组织偶尔使用，9%的组织极少使用，3%的组织从来不用。更少的组织在使用项目集管理，只有 27%的组织始终使用，33%的组织经常使用，24%的组织偶尔使用，10%的组织极少使用，还有 10%的组织从来不用。在 2011 年年底，由 PMI 进行的一项研究中，有超过 40%的调查对象扮演过项目经理的角色，而在更少的调查反馈中，只有 15%的人扮演过项目集经理的角色。

以上数据表明，项目集管理行业的增长速度比项目管理行业的增长速度要缓慢。该结论进一步表明了项目集管理行业数据的稀缺性，由于含混不清的定义，导致项目管理行业数据和项目集管理行业数据之间存在混淆。

项目集战略一致性

组织采用项目集和项目来执行组织战略并实施变革，“我不区分战略实施与项目成功。”KeyBank 项目集经理丹尼尔·斯沃博达（PMP）说，“公司的每个项目在某种意义上都应与战略保持一致性。”

不过，只有有限的组织报告了项目集和项目与组织战略的一致性。项目与组织战略保持一致性的数据有限。只有 43%的组织报告了项目与组织战略的高度一致性。在剩下的组织中，47%报告了中度一致性，11%报告了低度一致性。项目集与组织战略一致性的数据没有找到。因此，我们假设只有不到一半的组织中，项目集与组织战略能达到高度一致性。

项目集管理行业标准化

迄今为止，项目集管理行业还未实现与项目管理行业一样程度的标准化。结果是在各种组织和行业中，项目集管理的定义、方法论和工具的差异极大。各种组织频繁地赋予项目集管理不同的定义。由于大多数项目管理的方法论和工具是可用的，所以各种组织要么开发自己专用的项目集管理方法和工具，要么借用项目管理行业的方法论和工具，这就进一步加剧了项目集管理行业在定义、方法论和工具上的差异性和多样性。

PMI 是制定并推动项目集管理和项目管理行业标准化的关键组织。时至今日，项目管理行业已从更大范围的标准化工作中受益良多，它已经比项目集管理行业发展速度更快且规模更大。比如，PMI 在出版《PMBOK® 指南》的 10 年后，才在 2006 年出版了《项目集管理标准》。

2007 年，即在推出 PMP 认证的 23 年之后，PMI 推出了 PgMP 认证。自推出该认证以来的 8 年时间里，与 PMP 认证的增长相比，PgMP 认证增长有限。截至 2015 年 2 月，PMI 报告表明，只有 1 200 人获得 PgMP 认证，与 647 663 人获得 PMP 认证相比，这只是非常小的数字。PgMP 认证的专业人士数量与 PMP 认证的专业人士数量相形见绌，这表明只有少数的项目集经理熟悉项目集管理行业标准。

1974 年，PMI 开始建立 PMI 各地分会，为项目管理实践者提供专题讨论场合。截至 2016 年 1 月，PMI 会员还没有项目集管理实践者或任何其他认证的本地分会，这被认为是对项目集管理实践社区的需求。实践社区是项目集管理行业发展的重要一步，也是实现项目集管理定义、方法论和工具标准化的关键一步。本书的第 11 章把项目集管理实践社区定义为一个论坛，允许项目集经理在此分享思想、知识、最佳实践、项目集执行机制和工具。该章描述了实践社区对项目集经理和组织的价值，以及对如何创建、构架和运营项目集管理实践社区做出了解释。

PMI 最近出版的《项目管理期刊®》（*Project Management Journal*, *PMJ*®）有时会包含项目集管理的文章。然而，截至 2016 年 12 月，PMI 还没有一本项目集管理行业的期刊。自 2006 年以来，PMI 每年发布《职业脉搏调查®》，该项目管理行业年度调查报告有时也会包含项目集管理行业数据。然而，截至 2016 年 1 月，PMI 并没有一个项目集管理行业年度调查。

由于项目集管理行业持续发展，改进该行业关于定义、方法论和工具的标准化就尤为重要了。

项目集、项目和项目组合的定义

许多组织努力将项目集管理和项目管理区分开来，研究表明，不同公司和行业对项目集管理的定义差异显著。通常，人们把项目集管理定义为对具有共同资金来源和利益相关方的多个项目的管理。由于项目集管理定义各式各样，所以项目集管理方法、方法论和工具也是各式各样的。

项目集是经过协调管理以获取单独管理所无法取得的收益的一组相互关联的项目、子项目集和项目集活动。在诸多项目集例子中，一个项目集可以是开发新产品，实施流程改进工作，业务现代化，以及确保遵循法规。

项目集包含单个项目和子项目集。子项目集是一个包含单个项目的项目集，并作为另一个项目集的一部分来加以管理。项目集也包含不在项目集中每个独立项目范围内的相关工作要素，这些要素称为项目集运营管理。之前描述的有关项目集的任何部分，包含子项目集、项目及项目集运营管理活动，这些统称为项目集组件。

项目是为创造独特的产品、服务或成果而进行的临时性工作。项目的临时性表明，每个项目都有一个明确的开始和结束。在众多的项目例子中，一个项目可以改进特定的流程，开发一个产品或流程，进行一场变革，或者制定新的行业标准或法规要求。

项目集管理和项目管理的一个重要区别在于项目集的战略聚焦。项目集旨在保持与组织战略的一致性，并确保组织收益获得确认。我们将在第 3 章详细讨论项目集战略一致性。

根据上面提供的项目集和项目的定义，我们能够描述出项目集结构，如图 1-3 所示。

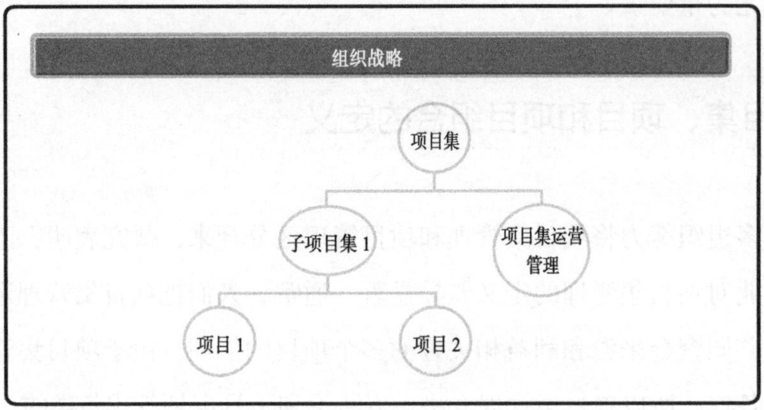

图 1-3　项目集结构

我们可以把一个呼叫中心流程改进项目集作为一个案例来说明项目集结构。该项目集的目标是提供最高的呼叫相应质量和最快的呼叫响应时间。该项目集包含了由两个项目组成的子项目集：项目 1 提升呼叫响应质量，项目 2 缩短呼叫响应时间。项目集也包含运营管理活动，比如，建立项目集基础设施，管理项目集成本和风险，管理项目集组件和协调整个项目集资源的链接。

项目集通过为组织交付多种收益而增加价值。收益的例子包括开发新产品，发展新的能力并提升现有的组织能力，推动商业变革，实施流程改进。项目集也实现了把相关项目作为一个项目集加以管理的收益，如果这些项目被分别管理，那么将无法获取收益。

项目集收益是以一次性的方式还是以增量的方式实现，取决于项目集中这些项目实现收益的方式是一次性还是分阶段性的。实现一次性收益项目集的例子可能是一个开发新产品的项目集；实现分阶段收益项目集的例子是呼叫中心流程改进项目集，该项目集每次只实施一个呼叫中心流程改进项目。

项目组合是为实现战略商业目标而组合在一起加以有效管理的一组项目、项目集、子项目组合和项目组合运营管理活动的集合。值得注意的是，项目组合中的项目或项目集不一定总有直接关系，它们通过组织的项目组合将自身与组织战略计划连接起来。项目组合的案例包括流程改进项目组合、战略方案项目组合、政府计划项目组合及营销战略项目组合。

组织战略是驱动项目组合、项目集和项目管理的重要力量，也是将三者连接在一起的关键要素。然而，项目组合、项目集和项目是以不同的方式来促进组织战略的执行的：

- 项目组合选择正确的项目集和项目，将工作进行优先级排序，并提供资源。
- 项目集控制子项目集和项目之间的相互依赖关系。
- 项目执行特定的范围。

根据以上的定义，我们能描述出项目组合结构，如图 1-4 中所示。

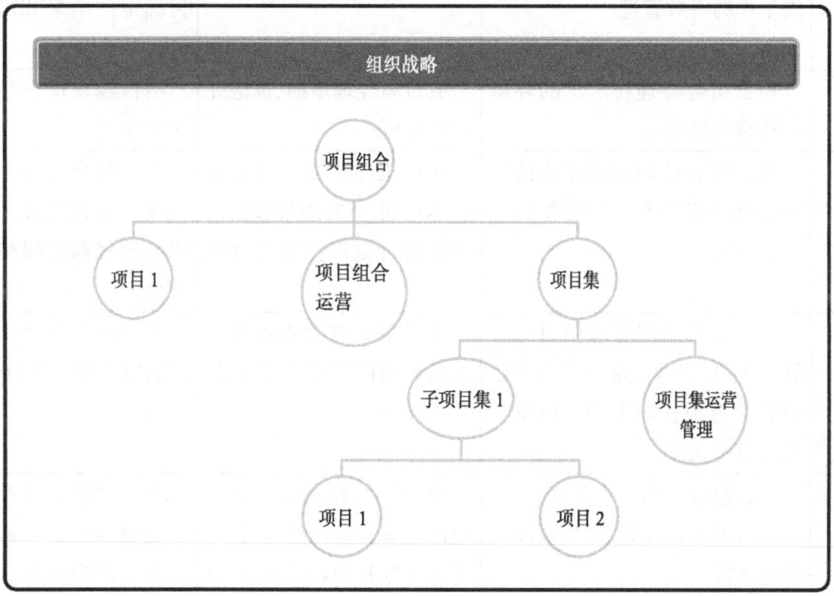

图 1-4　项目组合结构

为了成功地管理项目集，清楚地了解项目组合、项目集和项目管理之间的区别是十分重要的。表 1-1 通过几个关键维度对项目组合、项目集和项目做出了比较。

表 1-1　通过组织内部的关键维度来对项目组合、项目集和项目管理做出比较

	项目组合	项目集	项　目
定　义	为实现战略商业目标而组合在一起加以有效管理的一组项目、项目集、子项目组合和项目组合运营管理活动的集合	经过协调管理以获取单独管理所无法取得的收益的一组相互关联的项目、子项目集和项目集活动	为创造独特的产品、服务或成果而进行的临时性工作
范　围	项目组合的范围是组织级的范围，可能随着组织的战略目标变化而变更	项目集范围较大，有可能变更以达成组织的预期收益	项目目标明确，范围较小且在整个项目生命周期中渐进明细
收　益	项目组合实现战略商业目标	项目集交付特别重要的收益	项目交付特定收益
聚　焦	项目组合聚焦于对实现战略运营目标的工作进行分组，以促进工作的有效管理	项目集聚焦于商业、目标、价值交付及收益管理	项目聚焦于执行一系列任务，目标是交付确定的结果和可交付成果
变　更	项目组合经理在广泛的环境中持续监督变更	项目集经理预期、拥抱并实施变更	项目经理保持最小化的变更
规　划	项目组合经理创建并维持与整个项目组合有关的必要的过程和沟通	项目集经理制订项目集整体计划，并在组件级创建高层级计划以指导详细规划	贯穿整个项目生命周期，项目经理渐进明细地将高层级信息转化为详细的计划
管　理	项目组合经理管理项目组合管理人员，以及可能对整个项目组合负有报告职责的项目集和项目管理人员	项目集经理管理项目集人员和项目经理，提供愿景并统领全局	项目经理管理项目团队以实现项目目标
监　督	项目组合经理监督战略变化、总体资源配置、绩效结果及项目组合风险	项目集经理监督项目集组件进展，确保整体目标、进度计划和预算的交付，以及项目集收益的实现	项目经理对生产预定交付的产品、服务或成果的项目工作进行监控

续表

	项目组合	项目集	项　目
成　功	通过项目组合的总体投资绩效和收益实现来加以测量	通过项目集满足需要的程度和实现预期收益的程度来测量成功，也通过投资回报率、新的能力和收益交付来加以测量	通过对交付产品的规格、项目质量、客户满意度及按时按预算交付来加以测量

表 1-1 介绍了术语投资回报率（Return of Investment，ROI），这是投资者对一些资源的投资而产生的收益。ROI 通常用百分比表示，并用如下公式计算：

$$\text{ROI}=\frac{\text{净利润}}{\text{投资成本}}\times 100\%$$

为什么组织部署项目集

组织部署项目集以执行组织战略。项目集为组织战略及其执行之间提供关键链接。通过项目集实施，组织实现收益。在本节，我们将讨论如何实现项目集与组织战略的一致性。我们也将定义项目集收益管理。

项目集战略一致性

许多组织不能充分地理解项目集管理所能创造的价值，以及通过项目集管理所能实现的收益。组织并不总能识别出每个战略倡议是一个项目还是一个项目集，通过各种项目和项目集，所有战略变革得以在一个组织中发生。这是项目集与组织战略一致性对组织获得成功至关重要的原因。通过项目集的执行，组织才能成功实施战略，因此了解项目集所能产生的价值是十分重要的。

由于全球大力提倡项目、项目集及项目组合管理职业，自 2006 年起，

PMI进行《职业脉搏调查®》研究，证明成功实施战略与一个组织交付成功的项目和项目集的能力密不可分。由于投资项目管理的组织的战略倡议完成得更为成功，这些组织减少了13倍的资金浪费。我们知道项目管理对任何组织的成功都至关重要，然而这个信息并不广为人知。

组织通过创建项目集管理办公室、争取高管发起人参与并保持人才管理与组织战略的一致性，实现项目集和项目的战略一致性。

然而，还有更多的工作需要做。项目集和项目管理行业当前的分析表明，很多项目集和项目并未与组织战略达成一致性。只有不到一半的组织报告了项目与组织战略具有高度一致性。有关项目集与组织战略一致性的数据还没有发布。项目集战略一致性将在第3章做详细阐述。

项目集收益实现

收益实现是项目集管理的基本要素，作为一个项目集，其目标就是达到预期的商业结果。在组织充分了解项目管理文化带来的价值，以及项目和项目集如何驱动变革时，组织更有可能培养出一种项目管理文化。组织也能理解当项目和项目集失败时将导致利润损失，因为此时组织不太可能实现其战略目标。

在公司中，项目集管理通过把各种职能部门的工作加以整合而创建出有效的商业模式，从而增加商业价值。比如，考虑到营销、工程、制造和财务等业务职能部门都有自己的语言和行业术语，如营销讲4P（产品、价格、地点、促销），财务讲现金流折现法，工程讲技术性能，制造关注产量和缺陷率。说起来，或者保守地说，这些不同职能部门的专家通常不能很好地合作。

在一个包含了项目集管理的企业商业模式中，可以对那些寻求整合业务职能部门工作的组织提供价值，通过新能力的开发和交付，或者转型变革，来实现商业结果。当项目集管理得到恰当定义和实施时，有助于通过企业业务职能部门的共同努力，来实施商业战略。

项目集管理整合了各方的共同努力，把各职能部门聚焦于一个共同的目标：即使他们讲的是不同领域的行话，也要实现改进的商业结果；并且通过共同的目的和目标来建立共性。跨组织工作的整合增加了以重复的方式成功实现预期商业成果的可能性。在第 4 章中，将对项目集收益实现做更加详细的讨论。

项目集管理绩效域

在前面几节，我们对项目集、项目和项目组合做出了定义，并展示了它们之间的关系。在组织中，通过几个关键维度，我们也对项目集、项目和项目组合管理做出了比较。在本节，我们将在一个更加广泛的组织场景中，对项目集管理做出定义，并通过定义和展开项目集管理绩效域来描述如何执行一个项目集。

项目集管理绩效域是把相关范畴的活动、关注或职能互补地组合在一起，使在整个项目集管理工作范围内某一绩效域中的活动都拥有独有的特征并能与其他绩效域的活动区别开来。在所有项目集管理阶段，项目集经理在多个项目集管理绩效域主动执行相关工作。共有五个项目集管理绩效域（见图 1-5）：

- 项目集战略一致性。
- 项目集收益实现。
- 项目集利益相关方参与。
- 项目集治理。
- 项目集生命周期管理。

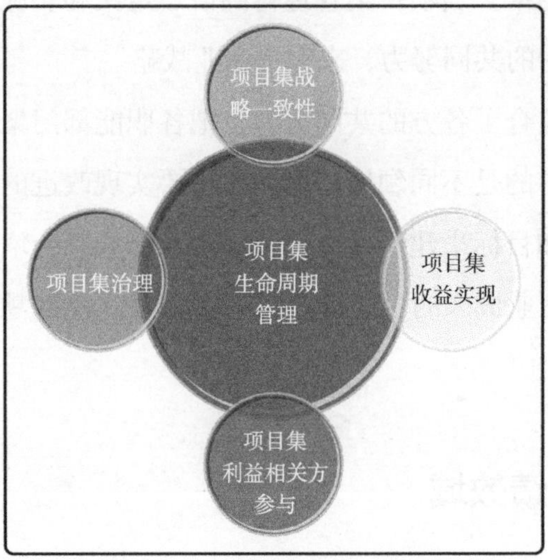

图 1-5　项目集管理绩效域

以下是每个绩效域的定义：

- 项目集战略一致性：识别出通过实施项目集来达成组织战略目标的机会与收益。
- 项目集收益实现：定义、创建、最大化、交付和维持项目集所提供的收益。
- 项目集利益相关方参与：捕捉并理解利益相关方的需要、期待和期望，分析项目集对利益相关方的影响，获取并维持利益相关方的支持，管理利益相关方沟通，以及减轻利益相关方的抵制。
- 项目集治理：建立过程和程序以在整个项目集进程中都能保持对项目集管理的监管，并对适用的政策和实践提供决策支持。
- 项目集生命周期管理：管理与项目集定义、项目集收益交付及项目集收尾相关的所有项目集活动。

这些绩效域在整个项目集生命周期中并行。每个项目集在五个绩效域中都需要一些活动。项目集的性质和复杂性决定了在一个特定绩效域中项目集经理需要执行活动的程度。根据需要，每个绩效域中执行的工作都是不断迭代且周而复始的。项目集经理和项目集团队在所有的五个绩效域中执行任务。这些绩效域的工作对于切实有效的项目集执行至关重要。

项目集生命周期

实施项目集是为了通过实现商业价值并产出预期商业结果的方式来交付收益。项目集有一位发起人，批准资金并分派一位项目集经理。项目集经理整合与管理多个子项目集和项目，并处理项目集运营管理活动。为了实现项目集收益，项目集经理分三个阶段来实施一个项目集：定义、收益交付及收尾。这组依次相随的交付项目集收益的阶段被称为项目集生命周期。

项目集定义是项目集生命周期的第一个阶段。在该阶段中，项目集发起人批准项目集资金并分派项目集经理。项目集经理扩展商业论证和战略计划目标，并充分定义预期的项目集成果。

项目集收益交付是项目集生命周期的第二个且不断迭代的阶段。在该阶段中，项目集经理规划、整合并管理项目集组件，促进预期的项目集收益交付。

项目集收尾是项目集生命周期的第三个也是最后的阶段。在该阶段中，项目集经理执行受控的项目集收尾工作。

采用以上定义，项目集生命周期及其阶段可在图 1-6 的图形中展现出来。我们将在第 7 章更加详细地讨论项目集生命周期阶段。

图 1-6　项目集生命周期

项目集经理在整个项目集生命周期中扮演重要的角色。总体来说，项目集经理协调并优先级排序所有组件中的资源，管理组件间的链接，并且管理项目集整体的成本和风险。然而，在项目集生命周期的每个阶段，项目集经理的角色并不尽相同。继而，在整个项目集及每个组件的每个阶段中，项目集经理的监管层级、行动、优先级排序、花费工时等也都不相同。

第 2 章 什么造就成功的项目集经理

项目集经理是成功的项目集执行的关键驱动者。项目集经理通过设立项目集结构、领导项目经理和交付项目集收益来执行项目集。这就是定义项目集经理的角色，并理解什么有助于其成功是如此重要的原因。

本章描述了组织结构如何定义项目集经理的角色，介绍了项目集管理连续体的概念，这一概念定义了存在于项目导向型和项目集导向型组织结构中的四个阶段。它定义了项目集经理在项目集管理连续体的每个阶段中的角色。本章说明了项目集基础设施如何使项目集经理发挥领导作用。本章也提出了一个能力框架，用于审查成为一名成功的项目集经理的能力。本章以一张对项目集、项目和项目组合经理的角色进行比较的表格作为结束。

本章包括以下部分：

- 组织结构对项目集经理进行领导授权。
- 项目集经理角色。
- 项目集基础设施使项目集经理得以领导。
- 能力框架造就成功的项目集经理。
- 项目集、项目和项目组合经理角色的对比。

组织结构对项目集经理进行领导授权

目前，组织间运用项目集管理职能的方法大相径庭。有些组织最大限度地发挥项目集管理职能，使之成为一种业务扩展。然而另一些组织限制性地发挥项目集管理功能，只用于（行政）管理性或引导性工作中。

组织结构决定了项目集管理如何在组织中实行，并决定了项目集经理的角色。我们将项目集管理组织结构分为四种类型，并讨论每种组织结构如何发挥项目集管理职能和定义项目集经理角色。

项目集经理的角色因项目集管理职能的不同而各异。为了解项目集经理角色的差异有多大，定义项目集管理职能类型并检验其是如何影响项目集经理角色的就显得尤为重要。

一些组织将项目集管理职能设置为以管理为中心，一些以引导为中心，一些以整合为中心，另一些以业务为中心。这种在组织结构内的项目集管理方法称为项目集管理连续体，如图 2-1 所示。

项目集导向型组织全面采用项目集管理，并通常视其为连接组织战略的业务管理职能的组成部分。项目集导向型组织可能是以整合为中心，或者以业务为中心的。在这些组织中，项目集经理授权交付商业结果。

项目导向型组织有限制地使用项目集管理，并仅将其视为初步实现管理需要的项目执行的扩展。项目导向型组织可能是以管理为中心，或者以引导为中心的。在这些组织中，项目集经理的角色局限于履行管理工作和执行项目。

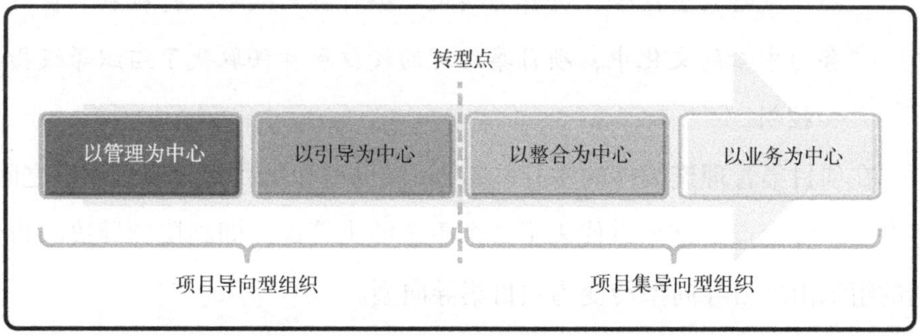

图 2-1　项目集管理连续体

针对项目集管理连续体不同阶段的详细说明揭示了对于项目集管理职能的不同观点和使用方法，也展示了项目集经理的角色和责任在每个阶段中的差异。

项目导向型组织包括：

- 以管理为中心的组织表现出对独立项目的强烈关注，并对项目进行直线管理控制。这些组织的项目集管理职能有限，并且将其首要用于完成管理任务、收集数据并监督活动。
- 以引导为中心的组织是项目导向型的。然而，项目集通常由项目有机地结群构成，而非战略性构建。项目集管理承担着促进跨项目沟通和低层级合作的协调职能。

项目集导向型组织包括：

- 以整合为中心的组织将项目视为由组织战略所驱动的项目集的组成部分。在项目集连续体的这个点上，对项目的控制由职能或者直线经理转变为项目集经理。项目集管理的首要关注点是整合并同步多个项目的工作流成果和项目交付物，以创建与组织战略一致的整体解决方案。

- 以业务为中心的组织对于采用项目集管理实践不遗余力。项目集与组织战略紧密结合，并作为实现业务目标的战略执行机制。在以业务为中心的文化中，项目集经理的授权和责任取代了组织等级指挥和控制。

在项目集管理连续体的中心，在项目导向型和项目集导向型组织之间，存在一个转变点。这个点代表了一个重要的决策点，即高层领导决心将他们的组织由项目导向型转变为项目集导向型。

组织结构可能将项目集经理的角色局限于一名按部就班地执行任务和履行其他管理职能的管理者或引导者。然而，为了向组织提供最大的价值，项目集经理必须具备强大的业务聚焦能力，并能够依靠深刻的主题专家意见来领导项目集。最根本的是，项目集经理需要像项目集的 CEO 一样开展工作。以整合为中心的或以业务为中心的组织结构为这样的角色提供支持，并授权项目集经理在该层级行事。

高层领导定义了组织结构。不断变化的业务需要驱动组织从项目导向型转变为项目集导向型。转变的例子包括业务增长、战略转换、治理结构变革和法律法规需求的变化。在转变时，组织对现状进行评估，并识别当前和未来状况之间的差距。

对于每个正尝试引入全新的或成熟的既有项目集管理职能的组织来说，都存在其特有的差距。差距代表了组织从现有状态转型为期望的项目集管理职能的需要。组织的高层领导会制定决策，以重新定义组织结构并为更好地促进业务需要而实施新的结构。通过此方法，组织缩小了现在和未来项目集管理职能状态之间的差距。

项目集管理连续体的一个关键发现是证明了组织转型为项目集导向型

组织后可以实现怎样的目标。项目集战略一致性得到加强，并且通过利用项目集管理所获得的收益，让组织选择按项目集管理连续体中更右侧的模式运行。

项目集管理职能得到加强，并且项目集经理的角色朝着为实现商业结果承担更高责任的方向转变。通过领导项目集、与业务职能合作和协调项目集内多个项目，项目集经理开始对交付整体解决方案负责，如图 2-2 所示。项目集经理通过高效的收益管理完成上述工作，具体详见第 7 章。

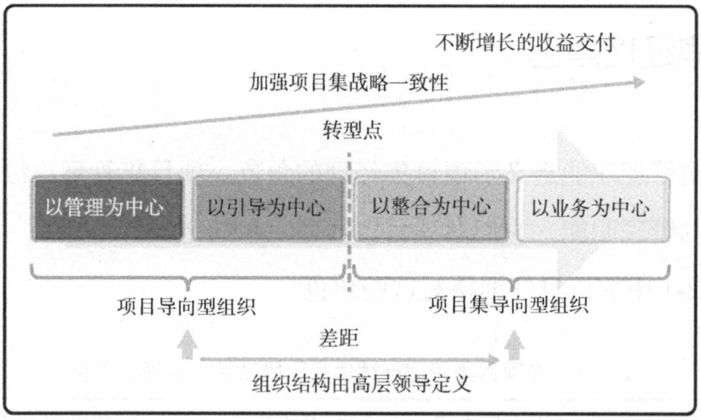

图 2-2 向项目集导向型组织转变可以让组织加强项目集战略一致性并增加收益交付

项目集经理需要对组织结构了如指掌，因为组织结构定义了项目集经理的角色。对组织结构的清晰认识有助于项目集经理了解组织对其角色的期望和识别扩展角色的机会。

对于建立项目集管理职能和定义项目集经理角色最行之有效的方法是借助于组织结构。然而，在建立项目集管理职能和定义项目集经理角色过程中的巨大差异证实了，目前，这种方法并不是惯例。

在一些组织中，项目集经理（而非高层领导）建立项目集管理职能并定义项目集经理角色。通常，项目集经理的角色取决于处于该职位的人的能力。所以项目集经理的成功难以复制，而且如果项目集经理离开则需要对该角色重新定义。以上所有现象导致项目集经理角色的显著差异，不仅存在于不同的组织间，有时甚至存在于同一组织的不同部门间。

在项目导向型组织中，项目集经理有助于影响组织向项目集导向型转变，并且在项目集管理职能未被明确定义的组织中，项目集经理可以帮助构建该职能。项目集经理可以协助定义项目集管理职能和构建项目集经理角色的场所之一就是项目集管理实践社区，具体详见第 11 章。

项目集经理角色

项目集管理职能定义了项目集经理的角色。项目集管理连续体识别了四种类型的管理职能，它们对项目集经理角色的定义各不相同。让我们通过对比表 2-1 中的信息仔细核对这些角色。

表 2-1　在项目集管理连续体每阶段项目集经理的角色

	以管理为中心	以引导为中心	以整合为中心	以业务为中心
角色	在项目导向型组织中，项目集经理履行的角色是管理者和引导者		在项目集导向型组织中，项目集经理履行的角色是业务经理	
聚焦	项目集经理完成管理角色，包括记录、安排会议、收集数据和监督活动	项目集经理引导跨项目交流和低层级合作	项目集经理关注整合并同步工作流成果和多项目交付物，以制订与组织战略一致的整体解决方案	项目集经理授权领导项目集并对项目集的执行负责。 项目集经理是业务经理、主题专家和客户首要联络人。 项目集经理对客户委托项目负有盈亏责任

为了向组织提供最大的价值，项目集管理职能建立时必须具备强大的业务聚焦能力。为了实现这种项目集导向型企业的组织结构，项目集经理角色必须具备以下职责：

- 制定项目集计划和预算。
- 负责项目集执行，包括项目集进度、预算和质量。
- 评审并批准项目计划，确保与项目集战略、项目集计划和进度计划的一致性。
- 作为与高管发起人和项目集指导委员会沟通的桥梁，主持例会并更新状态。
- 将决策和风险升级给高管发起人。

成功的项目集经理是业务的领导者，需理解其角色、商业环境、利益相关方、法规要求等。项目集经理不是简单执行工作计划的管理者或促进者。

当组织由项目导向型转变为项目集导向型时，项目集经理的角色相应地由以管理为中心转变为以业务为中心，潜在地导致知识、技能和经验的欠缺。为了缩小这些差距并促进转变，组织必须对项目集经理进行培训。项目集经理必须协助识别当前和未来需求的差距，并且识别缩小差距的培训需要。项目集经理可以协助此过程的场所之一就是项目集管理实践社区，具体详见第 11 章。

项目集基础设施决定项目集经理领导项目集的能力

项目集经理领导项目集的能力取决于项目集基础设施（例如，支持项目集管理职能的系统、帮助监督项目集健康情况的状态报告工具，以及协助监控项目集财务健康状况的财务工具）。项目集基础设施可以让项目集经理更快速地执行项目集运营管理任务，并将主要时间聚焦在领导项目集、交付战略目标，成为值得信任的顾问并扮演主题专家（Subject Matter Expert，SME）的角色上。

项目集基础设施应该包含一份可以将项目信息汇总到项目集中的计划。该计划可以是电子表格或数据库。系统应该可以将多个项目汇总在项目集任务或里程碑中。

项目集经理必须使用一组广泛的工具，包括状态报告、时间线、资源利用报告、风险报告和财务健康报告。关于项目集管理系统支持、财务与状态报告工具的详细介绍见第 8 章。

以业务为中心的项目集经理应该将大约 60%的时间用于领导项目集，剩余 40%的时间用于执行项目集运营管理任务。如果项目集经理可以扮演业务项目集经理的角色并拥有高效的项目集基础设施，这样的分配是可行的。

鉴于基础设施限制，如果项目集经理用于执行项目集运营管理任务中的时间超过 40%，那项目集经理就不能有效地领导项目集。这就是在项目集之初，项目集经理必须评估系统能力和工具，并决定它们是否可以提供有效的项目集管理的原因。如果项目集经理没有足够的可获得的基础设施，那么项目集经理必须和组织的领导层及专业的同人一起夯实基础设施。项目集经理可以倡导系统应用或升级，并且在开发新工具和升级现有工具上获得支持的场合之一就是项目集管理实践社区，具体详见第 11 章。

能力框架造就成功的项目集经理

在前面的章节中，我们得到的结论是项目集导向型组织对项目集经理进行领导授权。我们同样坚信，项目集基础设施使得项目集经理得以进行领导。在本节中，我们将对造就成功的项目集经理的项目集能力框架进行评审。

对于众多项目经理而言，职业道路的下一步就是成为项目集经理。许多从业者缺少对这一角色的真正理解和完成这一转型所需的必备技能。项目集经理不是简单的高级项目经理。

为更好地阐述项目集经理和项目经理角色的差别，我们将对比两种角色的定义。项目集经理协调相关的项目组，而非亲自管理单个的项目。项目经理是变革代理人：他们让项目目标成为自己的目标，并用自己的技能和专业知识在项目团队内激发共同的目标。两者角色定义的对比表明，项目集经理的角色与项目经理相比范围更大，框架更宽泛，并且内容更复杂。

项目集与项目有着很大的不同，对项目集的管理方式需要使其迅速适应项目集成果的不确定性和所运行环境的不可预测性。这一需求影响了项目集经理的能力需求。为了有效地管理项目集，项目集经理需要调和以控制为导向的领导力和支持项目集及其组件执行的管理技能。为了在这个复杂的环境中获得成功，项目集经理需要熟悉各种各样的项目集管理方法。

随着组织从项目导向型转变为项目集导向型，项目集经理将更多的时间用于领导项目集，而非执行项目集。领导项目集包括领导项目集团队、争取领导层参与、整合项目集工作、连接跨职能的相互依赖关系和积极识别风险。执行项目集包括完成项目集运营任务、更新状态报告、跟踪并解决风险、更新项目集管理计划和设定项目集会议节奏。

处于项目导向型组织中的以管理为中心的项目集经理，将 100%的时间用于执行项目集运营任务，其中最重要的就是监督项目集计划。处于项目导向型组织中的以引导为中心的项目集经理，将大约 20%的时间用于通过促进低层级合作的方式来领导项目集，并将 80%的时间用于执行项目集。

一旦组织跨过连续体的中心，项目集经理将负责确保跨项目的相互依赖关系得到管理和同步。正是因为这种责任，项目集经理必须通过整合工作来领导团队。在项目集导向型组织中，领导一个项目集变得更为复杂，因为项目集团队比项目团队更庞大，并且有时地理上分散在各处。项目集结构变得更为复杂，导致了多层面的业务治理结构。所有这些改变都需要项目集经理将更多的时间用于领导项目集。这就是为什么当沿着项目集管理连续体向右侧转变时，项目集经理的能力得到提升，使得项目集经理可以扮演以业务为中心的项目集经理的角色。

项目集导向型组织中以整合为中心的项目集经理，将 60%的时间用于领导项目集，包括提供跨项目沟通和保证跨项目的相关性得到管理和同步，并将 40%的时间用于执行项目集。

在项目集导向型组织中以业务为中心的项目集经理，将 80%的时间用于领导项目集，并将 20%的时间用于执行项目集。一位来自项目集导向型组织中的经验丰富的业务项目集经理证实了以上的时间分配。通过雇用优秀的项目经理团队可以将项目集管理和项目集执行分离开，由项目经理负责项目集中既定项目的细节工作。然而，项目集经理有时需要深入既定组件的运营细节中，才能解决问题、提供指导或者完成一些技术细节。

项目集管理连续体以图形的方式展现了项目集经理在每个阶段中，投入领导项目集和执行项目集管理运营任务上的时间百分比，如图 2-3 所示。

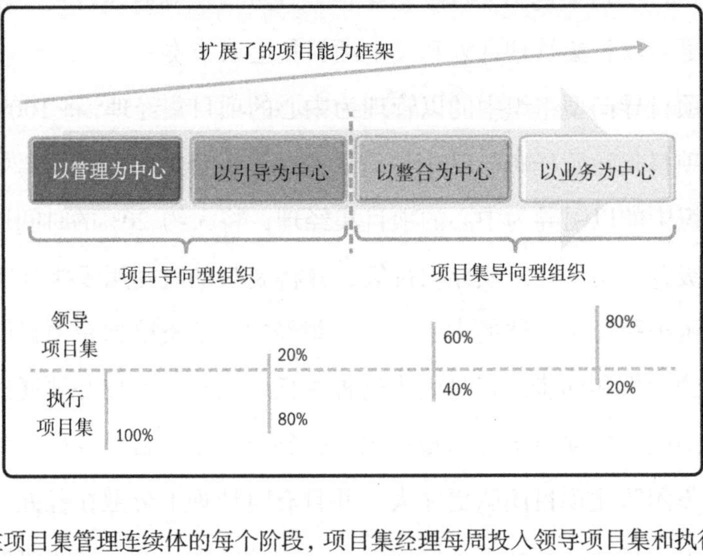

图 2-3　在项目集管理连续体的每个阶段，项目集经理每周投入领导项目集和执行项目集上的时间百分比

我们制定了项目集能力框架，用于定义能让项目集经理成功领导和执行项目集的能力。能力框架将项目集能力分成三大类（见图 2-4）：

- 项目集领导。
- 项目集运营管理。
- 人际关系技巧。

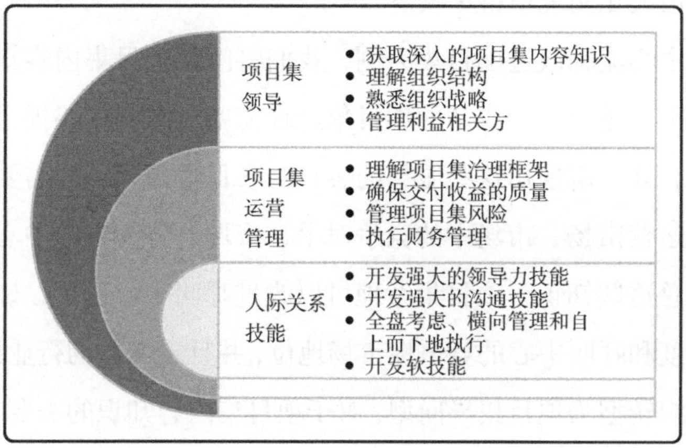

图 2-4　项目集能力框架

项目集领导能力

项目集领导能力包括：

- 获取深入的项目集内容知识。
- 理解组织结构。
- 熟悉组织战略。
- 管理利益相关方。

获取深入的项目集内容知识

项目集内容知识是成功执行项目集的关键，因为它是项目集领导和项目集运营管理的重要基石。项目集经理需要开发内容知识来成功领导项目集、全面实现项目集收益、管理跨职能相互依赖关系，并能够积极地识别项目集和组件的风险。

项目集内容知识包括对项目集正在发展的产品或服务的深入理解，谁是客户，客户将如何使用产品或者服务，市场特征是什么，市场中的竞争对手是谁，以及市场趋势和最佳实践是什么。利用项目集内容知识，项目集经理可以最大化实现项目集收益。

以呼叫中心流程改进项目集为例，我们将阐释项目集内容知识在成功执行项目集上的重要性。成功的项目集经理需要对呼叫中心提供的服务有基本的认识，并了解使用这些服务的客户。项目集经理同样需要熟悉呼叫中心所处的运营市场、市场中的竞争对手、市场趋势和呼叫中心的最佳实践。通过汇总这些知识，项目集经理可以改进呼叫中心过程，确保高水平的客户满意度和呼叫中心的竞争性市场地位，并且定义新的行业最佳实践。

随着组织转型为项目集导向型，对于项目集内容知识的需要不断增长。深入的项目集内容知识是项目集经理成功蜕变为业务项目集经理或项目集CEO所必须掌握的关键能力。为了加强项目集内容知识，项目集经理可以争取主题专家和业务负责人的参与。

↘ 理解组织结构

项目集经理需要理解组织结构，因为组织结构定义了项目集管理职能，反过来也定义了项目集经理的角色。正如之前所讨论的，以业务为中心的项目集管理职能对项目集经理进行领导授权，而以管理为中心的项目集管理职能将项目集经理的角色限定在管理职能中。对于项目经理则不要求其理解组织结构。

↘ 熟悉组织战略

为了保持项目集和所包含项目与组织的战略业务目标的一致性，项目集经理必须具备战略性思维能力。这包括了解公司或组织如何执行战略规划，并在必要时能够对战术性和运营性要素进行战略性思考。战略性思维的组成部分包括对业务所在行业和公司战略如何与行业长期发展导向相匹配的基本了解。

项目集经理需要熟悉组织战略，具备战略眼光和保持项目集目标、收益与组织的长期目标相一致的规划能力。一旦定义了项目集目标和收益，项目集经理就制订用来执行项目集组件的项目集管理计划。项目集经理有责任确保每项计划与项目集目标和收益相一致。

项目集经理需要注意组织战略的变化，以便保证项目集和组件与战略的实时一致性。对于项目经理则不要求其了解组织战略，因为项目集经理会及时调整项目集组件与已变化的战略的一致性。

↘ 管理利益相关方

利益相关方管理技能对于项目集经理的成功至关重要。项目集经理首先必须了解如何评定项目集所处的组织格局。他很可能拥有众多利益相关方，包括组织内部和外部的需要被影响的利益相关方。

启动、争取参与并维持利益相关方关系对管理项目集并有效地实现期望收益十分重要。利益相关方的积极参与有助于建立和维持对项目集的持续支持。项目集经理必须识别利益相关方，理解他们的需要和期望，制订用于支持利益相关方的利益相关方管理计划，并帮助他们达成期望。项目集经理必须认识到每位项目集利益相关方期望的人性方面是动态变化的，并进行相应的管理。

项目集运营管理能力

项目集运营管理能力包括：

- 理解项目集治理框架。
- 确保交付收益的质量。

- 管理项目集风险。
- 执行财务管理。

↘ 理解项目集治理框架

项目集经理必须具备建立和执行项目集治理框架的知识。在项目集中，项目集经理必须识别需要做的工作，制订项目集管理计划，并对所有组件间的资源进行分配和优化。

项目集经理必须定义各组件的步调并在项目集完工前取得增量收益。在关注收益交付时，为了确保收益质量，项目集经理需要调整各组件的步调。项目经理则在更小的范围内定义组件的步调。

↘ 确保交付收益的质量

项目集经理作为他的项目集客户的质量捍卫者，需要确保项目集成果满足或超过客户所期望的质量水平。项目集经理必须具有行动偏见，能够放眼全球并确保实现质量、可靠性、生产性、可维护性和法规遵从性目标。

项目集经理必须将交付收益和项目集章程进行对比，以确保预期收益和交付收益相匹配。借助项目集内容知识，项目集经理需要质疑有关内容（例如，解决方案可以交付预期的收益吗？）。采用质量度量指标对于保证项目集按商业论证交付收益至关重要。质量度量指标工具有助于测量收益的质量，具体介绍见第 8 章。

↘ 管理项目集风险

项目集经理需要具备预先识别项目集和组件风险的能力。深入的项目集内容知识是项目集经理能够识别和管理风险的关键。项目集经理同样需要具备在组件之间变换焦点的能力，以便把注意力放在关键风险上。项目集经理可以运用项目集风险跟踪工具来帮助跟踪和解决项目集问题。关于工具的详细介绍见第 8 章。

↘ 执行财务管理

从商业成功的角度来说，项目集经理必须拥有足够的商业技能才能理解组织的商业模型和财务目标。这需要项目集经理可以制定用于支持公司目标和战略的详细全面的项目集商业论证，锻炼在公司业务层面管理项目集的能力，以及锻炼理解和分析与项目集相关的财务管理措施的能力。

项目集预算比项目预算大得多。项目集预算常常包括费用和资本支出，项目预算则通常只包括费用。所以，为了能够按预算执行项目集，项目集经理需要具备高级的财务管理和预算编制知识。此外，为了识别、调查和解决项目集预算和实际之间的偏差，项目集经理需要具备执行偏差分析的能力。关于偏差分析的详细介绍见第 8 章。项目经理同样需要具备财务管理和预算编制的知识。然而，项目经理只是在单个项目的较小范围内运用这些知识。

人际关系技能

项目集经常在矩阵组织中运行。矩阵组织是指内部具有双重或多重管理责任和职责的组织。在矩阵中，通常会有两套行政管理系统，一套是职能系统，另一套是项目、产品或客户系统。在矩阵组织中，项目集团队成员不直接向项目集经理汇报，团队成员经常同时参与多个项目或项目集。复杂的项目集环境需要项目集经理拥有过人的人际关系技能。以呼叫中心流程改进项目集为例，我们将会阐述复杂的项目集环境要求项目集经理具备强大的人际关系技能。

呼叫中心流程改进项目集团队包括负责流程改进项目 1 和项目 2 的项目经理，还有呼叫中心总监。项目经理们在项目管理组织中工作，他们在这里管理 1~2 个项目。项目经理还要对流程改进项目 1 和项目 2 的执行负责。呼叫中心的总监们在呼叫中心工作，他们负责这里的日常运营。呼叫中心的总监们对在他们的呼叫中心实施流程改进项目集负责。

为了成功地执行呼叫中心流程改进项目集，项目集经理需要带领团队朝着实现呼叫中心流程改进项目集利益的共同目标前进。这需要项目集经理开发那些有助于在复杂的项目集环境中获得成功的不同类型的人际关系技能，才能完成以上工作，包括：

- 开发强大的领导力技能。
- 开发强大的沟通技能。
- 全盘考虑、横向管理和自上而下地执行。
- 开发软技能。

↘ 开发强大的领导力技能

项目集经理需要具备建立、联合并支持团队交付满足公司目标和客户需要的解决方案的能力。

项目集经理必须开发强大的领导力技能，才能在整个项目集生命周期中领导项目集。项目集经理带领项目集管理团队建立项目集方向，识别依赖关系，沟通项目集需求，跟踪进展，进行决策，识别并减轻风险，以及解决冲突和问题。项目集经理与项目经理和职能经理一起获取支持、解决冲突，以及通过提供特定的工作说明来指导单个项目集团队的成员。

当今的商业模式给项目集经理带来了额外的团队建设挑战。项目集团队成员分布于世界各地的情况早已司空见惯。管理虚拟团队的技能已经成为项目集经理的新兴关键技能。成功地领导跨地域分布式或虚拟团队涉及多方面因素。

领导虚拟项目集团队带来以下问题：当虚拟团队成员在地理上、文化上、组织上和时区上不同时，有可能建立真正的领导吗？行业专家帕特里克·利多——一家领先的研究型医院的高级 IT 项目集经理，声称领导虚拟团队是有可能的，但是需要所有团队成员付出更多的努力。领导职责包括进行激励、寻求信息和意见、仲裁、促进沟通、消除障碍、使接口顺畅并让每个冲突成为改进决策质量的前车之鉴。

↘ 开发强大的沟通技能

项目集经理需要拥有强大的沟通技能，才能有效地与不同的项目集利益相关方沟通，包括发起人、客户、供应商和高管层。更具体地说，项目集经理需要具备成为中枢并进行向上、横向和向下沟通的能力，包括：

- 外部向上与政府、行业和投资人沟通。
- 内部向上与项目集发起人、组织高管层沟通。
- 外部横向与供应商、客户沟通。
- 内部横向与组织内不同部门沟通。
- 向下与子项目集和项目经理沟通。

有效的沟通需要具备使用多学科语言的能力——与高级管理层沟通时使用的商业语言，与客户沟通时使用的用户语言，与技术人员沟通时使用的技术语言，等等。有效的沟通技能同样意味着项目集经理必须能够积极聆听并在困境中指点迷津，经常在多学科讨论中进行翻译。项目集经理必须能够使用并扩展利益相关方知识，以锻炼针对客户、高级管理层、团队成员、供应商和其他对象选用正确的沟通模型的能力。这涉及懂得何时需要面对面沟通，何时需要发送信息，何时避免以上两种方式。最后，他们必须有效地沟通，具备编写强有力的信息给不同的项目集利益相关方的技能。

为了确保与利益相关方及时沟通，项目集经理需要决定沟通的频率。项目集管理沟通计划必须提供利益相关方需要和期望，还要迅速地依照为目标受众定制的模板提供关键信息，具体详见第 8 章。

不要等待利益相关方阅读他们的报告并有所反应。随着对他们习惯的逐渐熟稔，你会知道有些人是需要打一个电话或发专门的邮件才能引起他们注意的。项目集经理需要了解利益相关方的习惯和工作风格，能够根据利益相关方需要对项目集沟通计划的执行进行客户化定制。

↘ 全盘考虑、横向管理和自上而下地执行

成功的项目集经理需要在不同层级上运作，包括全盘考虑、横向管理、自上而下地执行：

- 全盘考虑来整合项目集组件，但是要从足够低层级的细节上预先识别项目集和组件风险。
- 横向管理和确保跨组件的工作活动保持商业角度上的可行性并实现收益。
- 自上而下地执行，通过在项目集层级上实施结构和在组件层级上具体执行。

在项目集管理中，交付完整的解决方案是达到客户满意的主要手段。项目集经理需要能够展示对客户所做出的承诺，以及对客户应用和需要的了解。那些精于系统思想的项目集经理可以从全局的角度来审视项目和活动，包括观察整体特征和模式，而不仅仅是单独的元素。通过聚焦于项目集的整体，或者本质上项目集的系统方面（输入、输出和相互依赖关系），项目集经理提高了交付完整的解决方案并满足客户期望的可能性。这涉及具备大局意识、跨界思维及兼容并蓄的能力。通常拥有这样能力的人背景多样，具有多学科思维，并涉猎广泛。

项目集经理需要全盘考虑，才能将多个项目集组件整合成一个包。此外，项目集经理需要沟通项目集愿景，并阐明项目集监管的收益。同时，项目集经理必须能够投身于事无巨细的工作中才能识别项目集和组件的风险。相反，项目经理仅仅关注于手头上的项目。

项目集经理横向管理项目集中的跨职能项目，确保跨项目的工作活动保持商业角度上的可行性并实现收益。目标是利用项目单独管理所无法实

现的投资回报和控制，帮助组织实现战略结果。相反，项目经理只进行纵向管理。

项目集经理通过自上而下的方式来驱动项目集执行，包括建立项目集结构，并在项目集层级上贯彻和在组件层级上执行。如果结构在组件层级上不起作用，项目集经理要在项目集层级上实施变更，并向下传达至组件层级。相反，项目经理通过规划和执行项目阶段的方式将自下而上的方法应用于项目管理当中。

↘ 开发软技能

正如之前提到的，项目集团队通常包括来自组织内不同部门的成员，他们很少向项目集经理直接汇报。为了成功地领导团队，项目集经理需要具备软技能，包括影响力、工作优先级排序、引导、相信直觉、退回和政治头脑。

影响力。强大的项目集经理的影响力特点包括擅长在特定场合与他人互动社交，能够不带主观判断和偏见地对信息和行为进行全面评估，而且能够有效地沟通你的立场来改变一个观点或改变行动路线。

项目集经理在非物理和社会存在的环境中领导一支虚拟团队，并面对着来自文化和语言障碍的挑战。为了能够在虚拟项目集环境中具有影响力，项目集经理需要具有高水平的情商。项目集经理需要能够在字里行间读懂信息，并能了解虚拟团队动力学。而且，通过有效的沟通，项目集经理需要影响决策并激励项目集团队。

优先级排序。工作优先级排序开始于利益相关方和项目集治理机构对项目集核心假设的验证。如果假设不正确，那么项目集的优先级排序也是错误的。例如，如果项目集优先考虑成本控制，那么项目集经理必须强调财务控制。如果优先考虑技术领先，那么项目集经理需要让团队保持对项目集技术方面的关注。能够让项目团队聚焦于项目集优先级最高的工作上，对于项目集经理交付预期收益至关重要。

通常，团队成员管理多项而且有时是相互冲突的优先级工作。项目集经理需要能够为他自己和团队成员排列优先级。因为项目集通常具有复杂的结构，项目集经理需要确保时间花在增值工作上，并且尽量减少浪费。

引导。项目集经理需要具备良好的引导技能，才能帮助不同的利益相关方、客户、顾客及团队成员进行有效的沟通和协作。良好的引导技能有助于确保团队成员间的关系符合需求——富有成效。核心引导技能包括提出团队成员中的不同观点和看法，进行讨论并创建合作边界的能力，以及将细节总结归纳成有用的信息和战略的能力。其他有益的引导技能包括发挥个人力量来维持前进势头，能够合理地思考因果关系，帮助团队成员保持聚焦在优先级最高的讨论和协作议题上。

相信直觉。相信你的直觉的能力是项目集经理需要锻炼的众多有价值的软技能之一。拉尔夫·沃尔多·爱默生说过："始终相信你的直觉，即使你无法解释。"简单来说，如果你觉得有事情不对劲，那么很可能这事就是有问题的。例如，如果需求评审显示不完整，可能在执行过程中导致失败，那么从细节评审开始做起。如果关于需求不完整的初步结论得到确认，那么带领团队重新回到绘图板前并借此恢复到原始状态。相信你的直觉的能力依赖于项目集内容知识。

退回。在执行项目集时，项目集经理可能面对需要退回的情况。将看起来不妙的事情退回的能力依赖于对项目集内容知识的深入了解。例如，文件不满足质量标准或者内容不完整，那么就需要将文件的批准退回。

政治头脑。除理解组织结构外，项目集经理需要在组织结构内有效地驾驭政治问题时具有政治头脑。公司政治是任何组织的自然组成部分，项目集经理必须理解政治是项目集管理的行为方面，是他为了取得成功所必须面对的。关键在于不能太天真，而且要理解不是所有项目集利益相关方都能看见项目集的巨大价值。项目集经理必须具备政治敏锐性，要对最有权力的利益相关方的兴趣保持敏感，同时，做人要正直，展示出良好的判断力。项目集经理必须积极地管理他的项目集所处的政治环境，才能对抗部分利益相关方的政治花招对项目集造成的负面影响，并拓展政治上的有利局势。为了能做到这些，对于项目集经理而言，同时拥有对组织的敏锐洞察力，以及建立有效干预和影响公司权力基础的强大关系网所必需的政治头脑，便显得尤为重要。

↘ 能力与组织结构的一致性

公司项目集经理所需的技能和胜任力，必须与项目集管理的执行方式及被期望扮演的角色相一致。组织结构定义了项目集经理的角色，并且随后需要相应能力以行之有效。在项目导向型组织，项目集经理多数情况承担管理性或引导性角色。在这样的角色中，项目集经理最多将 20%的时间用于领导项目集，将 80%~100%的时间用于执行项目集运营管理任务。该角色所需的能力很有限，并且不包括所有在项目集能力框架中所罗列的能力。

如果组织转变为项目集导向型，那么项目集经理的角色将得到扩展，需要额外的能力来支持组织从以管理为中心转变为以业务为中心的项目集管理。在项目集导向型结构中，项目集经理承担整合性或业务性角色。在这样的角色中，项目集经理将 60%~80%的时间用于领导项目集，20%~40%的时间用于执行项目集运营管理任务。为了能在这样的角色中取得成功，项目集经理需要发展包含在项目集能力框架中的所有能力。

我们将检验在项目集能力框架中的能力是如何在项目导向型和项目集导向型组织间变化的，正如表 2-2 所概括的。我们将通过以下等级来描述能力水平：无、基本、有限、良好和卓越。

表 2-2　当组织由项目集导向型转变为项目集导向型时，项目集能力框架下的能力会扩展

能力区域	能　　力	项目导向型组织		项目集导向型组织	
		以管理为中心	以引导为中心	以整合为中心	以业务为中心
领导力	每周分配时间比例	0%	20%	40%	60%
	获取深入的项目集内容知识	获取基本的项目集内容知识	有限的项目集内容知识；帮助引导跨项目合作	良好的项目集内容知识；保证整合解决方案的交付	卓越的项目集内容知识；担保项目集与组织战略一致
	理解组织结构	无	基本熟悉组织结构	有限地了解组织结构及其对项目集经理角色的影响	卓越地了解组织结构及其如何定义项目集经理的角色
	熟悉组织战略	无	基本熟悉组织结构	有限地了解组织结构并理解其如何与项目集保持一致	卓越地了解组织结构并保证项目集与其保持完全一致
	管理利益相关方	无	基本的高管发起人管理技能	良好的组织领导力和高管发起人管理技能	卓越的内、外部利益相关方管理技能
项目集管理	每周分配时间比例	100%	80%	60%	40%
	理解项目集治理框架	无	基本的项目集治理框架知识，才能确保低层级的、跨项目的合作	良好的项目集治理框架知识，才能保证整体的解决方案	出色的项目集治理框架知识和建立、执行项目集的能力
	确保交付收益质量	无	基本的跨项目质量保证	有限的整体解决方案的质量保证	出色的项目集交付收益的质量保证
	管理项目集风险	无	基本的项目集风险管理技能	有限的风险识别和管理技能	卓越的风险管理技能，包括预测和管理风险、聚焦转移到关键风险上

续表

能力区域	能　　力	项目导向型组织		项目集导向型组织	
		以管理为中心	以引导为中心	以整合为中心	以业务为中心
项目集管理	执行财务管理	无	基本的财务管理技能，包括制定预算和跟踪实际开支	良好的财务管理技能，包括制定预算和跟踪实际开支	卓越的财务管理技能，包括制定预算、实施月度预测、跟踪实际开支、进行偏差分析并积极地管理财务问题
人际关系技能	开发强大的领导技能	无	有限的领导技能来保证跨项目合作	良好的领导技能来保证工作同步和整体解决方案交付	卓越的领导技能来建立、领导团队并授权团队成员
	开发强大的沟通技能	基本的项目集沟通技能	有限的沟通技能，包括与项目集团队和项目集发起人的交流	良好的沟通技能，包括与项目集发起人、利益相关方、组织领导层和项目集团队的交流	卓越的沟通能力，包括对内、对外、向上、横向和向下沟通
	全盘考虑、横向管理和自上而下地执行	无	基本的全盘考虑能力来保证跨项目合作	有限的全盘考虑、横向管理和自上而下地执行的能力	卓越的全盘考虑、横向管理和自上而下地执行的能力，才能实现商业目标
	开发软技能	基本的人际关系技能	有限的影响和引导的能力	良好的影响、引导、工作优先级排序的能力	卓越的影响、引导、工作优先级排序、相信直觉的能力，能够退回并具有政治头脑

随着项目集管理职能沿着项目集管理连续体向右侧转变，即朝着项目集导向型组织转变，组织可以加强项目集战略一致性并增加交付物收益。项目集与组织商业战略紧密相连，并作为实现商业目标的战略实施机制。在以业务为中心的文化中，组织等级指挥和控制被项目集经理的授权和责任所替代。

项目集经理领导项目集的能力依靠项目集基础设施（例如，支持项目集管理的系统和帮助监控项目集健康的工具）。项目集基础设施让项目集经理得以更快地执行项目集运营管理任务，把主要时间集中在领导项目集上，向战略目标提供交付物，以及成为值得信任的顾问和主题专家。

随着组织从项目导向型转变为项目集导向型，项目集经理将更多的时间用于领导项目集，并减少用于执行项目集运营管理任务上的时间。为了能够在复杂组织环境中获得成功，项目集经理需要具备多方面的项目集能力，而且项目集能力会随着组织从项目导向型转变为项目集导向型结构而扩展，使得项目集经理可以像业务项目集经理或项目集 CEO 一样运作。

项目集通常具有包括多个组件的庞大而复杂的结构。项目集经理还要管理外部和内部利益相关方的期望。为了像项目集 CEO 一样管理，项目集经理需要具备三个主要模块，包括授权项目集经理进行领导的组织结构，使得项目集经理进行领导的项目集基础设施，以及造就项目集经理的项目集能力框架，如图 2-5 所示。

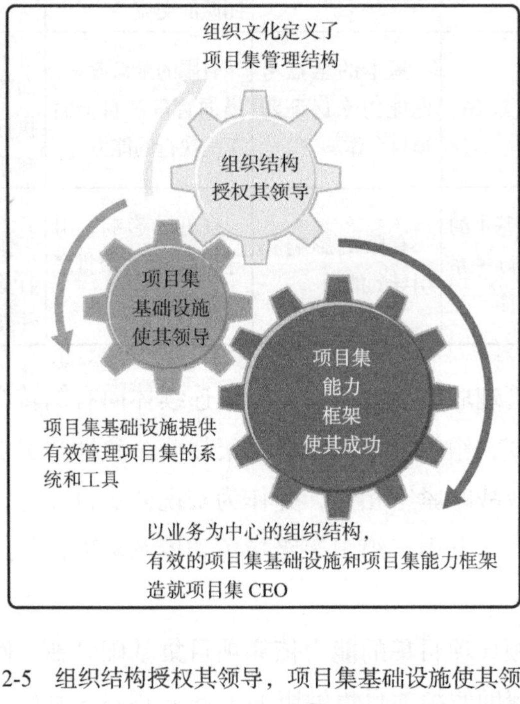

图 2-5 组织结构授权其领导，项目集基础设施使其领导，项目集能力框架使其成功，这造就了项目集 CEO

项目集、项目和项目组合经理角色的对比

项目集经理需要清晰地理解他的角色，以及项目组合和项目经理的角色。理解所有这些角色对于实现最大化项目集收益所必需的成功协作至关重要。

在之前部分，我们定义了项目集经理的角色，检查了是什么授权项目集经理进行领导，使他可以发号施令，并且记录了能够使项目集经理获得成功的项目集能力框架。现在，我们将通过对比项目集经理角色与项目组合和项目经理角色来获得针对每种角色的定义和角色间相互作用的清晰认识。

以呼叫中心流程改进项目集为例，我们将阐明项目集、项目组合和项目之间的关系。呼叫中心过程改进项目设立的目的是提升呼叫响应质量和缩短呼叫响应时间。项目集结构包括由两个项目组成的子项目集：项目 1 提升呼叫响应质量，项目 2 缩短呼叫响应时间。项目集还包括一个实施项目 3：在所有的呼叫中心实施项目 1 和项目 2。另外，项目集包括运营管理活动，比如，管理项目整合成本和风险，管理项目之间的链接，以及在项目间对资源进行协调和优先级排序。

呼叫中心流程改进项目集包含在它们的项目组合中。项目组合执行过程改进项目集并开展呼叫中心的审计。而且，与项目集运营管理活动类似，项目组合包括运营管理活动，如图 2-6 所示。

项目集经理角色包括构建项目集结构、监管项目集执行、监督风险，并承担项目集利润和亏损的职责。项目经理的角色包括管理项目和承担项目按时按预算执行的责任。项目组合经理角色包括识别、优先级排序、授权、管理和控制项目、项目集和其他与实现特定战略性商业目标相关的工作。

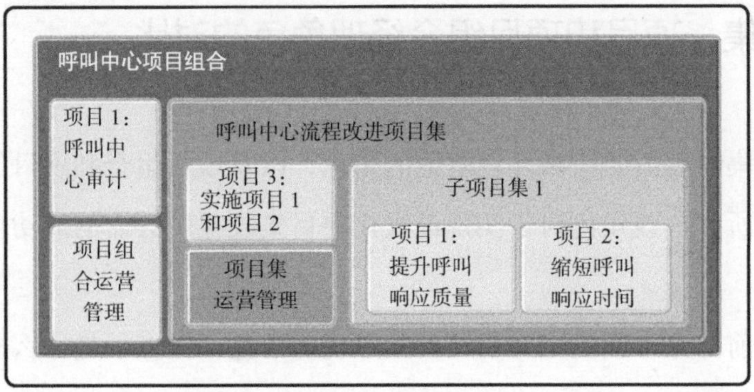

图 2-6　项目集、项目和项目组合的关系

通过项目组合、项目集和项目结构及其之间的关系，我们能够将项目组合、项目集和项目经理的角色进行对比，如表 2-3 所示。

表 2-3　项目组合、项目集和项目经理角色和职责对照

角色	项目组合经理 管理一个项目组合	项目集经理 管理一个项目集	项目经理 管理一个项目
职责	管理多个项目集和项目的相互依赖关系	管理多个项目的相互依赖关系	管理一个项目
执行	执行项目组合组件的协调管理	执行项目集组件的集中协调管理	执行一个项目
聚焦	聚焦于选择正确的项目集和项目，排序工作优先级和提供资源。 聚焦于以最大化项目组合内资源的经济适用为目的的资源平衡	聚焦于保持项目集目标与组织长期目标的一致性。 聚焦于人员、政治和谈判	聚焦于范围、进度和资源 聚焦于内容
领导力风格	领导力风格聚焦于增加项目组合决策制定的价值	领导力风格聚焦于管理关系和解决冲突	领导力风格聚焦于执行任务和满足成功标准
提供	提供洞察和合成。“做正确的事”而不是“正确地做事”	提供愿景和管理利益相关方管理中的政治要素	借助他的知识和技能来激励他人的团队工作者

续表

角色	项目组合经理	项目集经理	项目经理
	管理一个项目组合	管理一个项目集	管理一个项目
监督	识别、选择、优先级排序、治理、监督和汇报包括项目集、子项目集和项目的项目组合组件的贡献	通过治理结构监督项目和正在进行的工作	监督和协调生产项目产品的任务和工作
员工	管理和协调项目组合管理人员	管理项目经理	管理技术人员、专家
责任	创建和维持关于整个项目组合的必要过程和沟通	确保多个项目与项目集目标的一致性；优化和整合成本、进度和工作投入	为管理项目产品的交付而开展详细的规划
测量	监控总体绩效和价值指数	最大化投资回报率和价值交付	按时按预算完成项目
财务管理	对实现财务目标负责，通常对股东价值具有间接责任	对按预算交付项目集收益负责	对按预算执行项目负责

项目组合、项目集和项目经理的角色是截然不同的，正如表 2-3 所呈现的分析结果那样明显。项目组合经理聚焦于选择正确的项目集和项目，排序工作的优先级，以及以最大化项目组合内资源的经济适用为目的资源平衡。项目集经理确保多个项目与项目集目标的一致性，并且整合成本、进度和工作投入。项目经理聚焦于项目范围、进度、资源和风险管理。

项目集经理与项目组合经理在项目优先级排序、资源获取和风险升级方面紧密合作。项目集经理也会在项目集结构、资源和执行方面得到项目组合经理的指导。项目组合和项目集经理在项目组合和项目集过程改进活动上密切配合。

项目集经理在项目执行、按时按预算交付、项目质量和风险升级方面对项目经理进行指导。项目集和项目经理在积极主动改进项目执行机制、项目进展监控工具和项目可交付成果质量检查的过程改进方面紧密合作。

第 3 章 项目集战略一致性

本章针对项目集战略一致性绩效域进行了深入的分析。本章描述了项目集与组织战略保持一致的关键作用，以及由项目集经理和项目集发起人创建并用以确保项目集战略在整个项目集生命周期中的一致性的要素。这些要素包括项目集商业论证、路线图、环境分析和阶段关口评审。

在定义阶段，为了确保初始项目集与组织战略的一致性，项目集经理创建了商业论证和路线图。项目集经理还实施了环境分析，并将分析结果作为商业论证和路线图的输入。在收益交付阶段，项目集经理开展阶段关口评审，以确保项目集与组织战略的持续一致性。

本章包括以下部分：

- 组织战略和项目集一致性。
- 商业论证。

- 路线图。
- 环境分析。
- 阶段关口评审。

组织战略和项目集一致性

项目集管理和项目管理的关键差异在于对项目集的战略性聚焦。项目集的规划应符合组织战略，并确保实现组织收益。项目和项目集不能止步于按时按预算要求，它们还必须与战略同步，否则便是“资本的浪费”。

组织通过制定战略来定义如何实现愿景。每年，组织都经历一个年度战略规划周期，组织的愿景和任务被转化成在组织价值边界内的战略计划。战略计划包括部分受到市场动态、客户和业务伙伴请求、股东、政府法规，竞争对手计划与行动所影响的方案。这种方案可能被划分成在特定周期内执行的项目组合。这些项目组合还包括执行战略计划，实现被识别的收益，并进而执行组织战略的项目集和项目。

链接项目组合管理和组织战略的目的是建立平衡的、可操作的计划，这些计划将有助于组织实现自身目标并平衡资源的使用，以最大化执行项目集、项目和运营活动的价值。战略规划和项目组合管理过程为组织识别和量化收益。它们为项目集提供预期输出和结果的定义。组织启动项目集来交付收益并完成那些常常影响整个组织的约定输出。在项目集启动阶段，组织开展可行性研究，以明确和定义项目集目标、需求和风险，用以确保项目集与愿景、任务、组织战略和目标的一致性。

我们已经注意到有些组织没有遵循战略计划执行。通常，战略计划没有完全向下延伸至项目集水平，在战略制定和战略执行之间筑起了一条鸿沟。有时候，组织没有建立用于评估战略计划执行和实际收益质量的定量和定性测量方法。并且，有时在项目集完成时，组织无法使当前工作与已实施的变更保持一致，或者将项目集执行后的实际收益融入当前工作中。

统计数据表明，能够以远好或稍好于同行公司的平均水平执行既定战略的组织比例之低令人担忧，如图 3-1 所示。

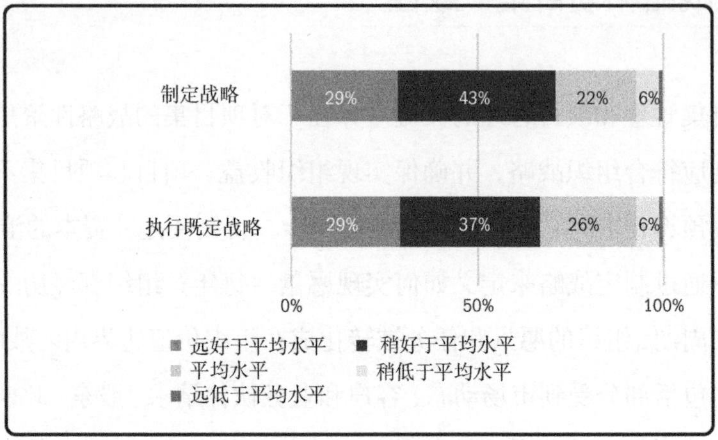

图 3-1 战略执行

仅有 39%的组织认为针对适当的战略倡议和项目的优先级排序、出资是至关重要的。48%的组织认为针对适当的战略倡议和项目的优先级排序、出资是非常重要的，剩下的 13%认为针对适当的战略倡议和项目的优先级排序、出资是稍显重要的。仅有 56%的组织认为成功的项目执行对于战略结果的交付至关重要，34%和 10%的组织认为成功的项目执行对于战略结果的交付非常重要和稍显重要。尽管这份统计数据来源于针对项目管理行业的分析结果，但我们假设在很大程度上，它也可以代表项目集管理行业的情况。

通过支持战略性项目集的实施，项目集管理办公室在组织战略的交付上扮演着极为关键的角色。对于设置了具有更为广泛的业务范围职责的项目集管理办公室，如企业级项目集管理办公室（Enterprise Program

Management Office，EPMO）的组织，最接近于战略价值的交付。EPMO 承担着保持项目和项目集与公司战略一致的职责，创建并监督针对企业项目组合投资、项目集和项目的适宜管理，为确保战略一致性和实现收益而发挥项目组合管理的职能。

有效的高管发起人对于组织战略倡议的成功至关重要——高管发起人的积极参与对于项目和项目集的成功具有极大的推动作用。数据表明，对于拥有高管发起人的项目，有 76%的项目达到了目标或预期。数据还表明，对于没有高管发起人的项目，仅有 46%的项目达到了目标或预期。研究还发现，仅有 3/5 的项目拥有参与其中的高管发起人。有效的高管发起人对于项目及其如何与商业战略相关联有着透彻的了解。而且由于他们的职位和经验，他们具有清除障碍的必备技能和职权，做出迅速而有效决策的信心，以及使项目获得高级管理层支持并获得最高优先级的影响力。最佳的高管发起人甚至可以激励并参与到项目团队当中。

为了圆满实现项目集的收益，确保项目集与组织的长期目标和战略保持一致性便显得至关重要。这种一致性取决于项目集反映和支持组织商业战略优先级的程度。另外，也取决于将商业战略用于指导执行团队的目标和工作结果的程度。

项目集战略一致性是通过项目集愿景和项目集选择过程实现的。项目集愿景是创建完工声明的基石，该声明定义了项目集成功的标准并提供方向和方法的指导意见。能够通过单一项目集的成功执行实现全部战略目标的情况实属凤毛麟角。当然，这需要项目组合中的一些项目集可以成功实施。然后每个项目集都承担一组为实现特定的战略目标而制定的项目集目标。通过这些项目集目标将战略性商业目标转换成针对特定项目集的可执行目标。

我们将借助呼叫中心流程改进项目集的案例来阐明如何将组织战略转

换成项目集目标。组织的战略目标是提供最高的呼叫响应质量和最快的呼叫响应时间。这个战略目标转成呼叫中心流程改进项目集的目标便是：

- 提升呼叫响应质量。
- 缩短呼叫响应时间。

我们之前讨论了如何通过项目集愿景来实现项目集战略的一致性。现在，我们将讨论如何通过项目集选择过程来实现项目集战略的一致性。项目集选择过程取决于组织按照项目集管理连续体中哪种方式进行运作，是项目导向型还是项目集导向型。项目导向型的组织可能设置有限的过程来选择与组织战略一致的项目集。通常，项目导向型的组织会把它们的项目集选择限制在那些允许执行战术倡议的项目集上。

项目集导向型的组织倾向于设置以制定组织战略构想为开端的正式的项目集选择过程。在制定战略的过程中，组织定义战略并确定其将如何及在什么阶段执行。此项工作的输出是一份概括介绍组织战略及其执行的战略规划。一旦制定了组织战略，高管指导委员会将选择那些执行该项目集的同时也在执行组织战略的项目集。一旦项目集被选中，组织会提供资源并启动项目集定义阶段。项目集定义阶段确认被识别的项目集是否与执行组织战略和实现项目集收益最为契合。

定义阶段从确认项目集需要和识别项目集将实现的收益开始，可以在商业论证中找到关于这两部分的概述。项目集路线图将商业论证转换成可以按时间先后顺序展现项目集预期方向的有价值的项目集执行工具。开展环境分析的目的是向商业论证和路线图提供输入，以确保项目集将在其所运行的环境中交付期望的收益。项目集管理计划以所有这些要素为输入，概括介绍在整个项目集生命周期内执行组织战略和实现项目集收益的情况。关于项目集管理计划的详细介绍见第 8 章。

商业论证

商业论证是在定义阶段逐渐形成的。开展商业论证的目的是评估项目集的成本与收益之间的平衡情况。商业论证是一种为高管决策者编写，用于评估与目前投资机会相关的当前和未来的商业价值与风险的文件。一份优秀的商业论证可以为投资决策注入信心。商业论证是对在企业分析和商业论证过程中所收集信息的汇编。基于商业论证所展示的目标和预期收益，创建商业论证可以帮助高管发起人和利益相关方确保项目集相对于备选项目集具有价值和相对优先级。

在项目集导向型的组织内，项目集经理统筹商业论证的准备工作。项目集经理还协同关键发起人一起开展项目集商业论证。商业论证可以简明扼要，也可以详细全面，这都取决于组织结构，以及是在项目导向型还是在项目集导向型的环境中运作。详细全面的商业论证可能涵盖项目集背景、收益、成本、差距分析和已知风险。

项目集商业论证的目的是证明项目集服务于组织战略目标，并用于做出组织是否应该投入财务、人力和资本资源以充分执行项目集的决策。在通过描绘出现的商业机会和项目集将如何抓住机会并实现商业战略来创建项目集愿景的过程中，商业论证中的部分内容至关重要。商业论证将组织的战略和目标与项目集的目标联系在一起，并帮助识别投资水平和完成项目集收益所需要的支持。

项目集商业论证阐明了项目集的商业收益，以及为什么用户、客户或者组织期待项目集成果，为什么该项目集优于其他备选的原因。最为重要的是，商业论证证明了随着时间的推移，项目集收益将超过项目集的成本。商业论证是创建和执行项目集愿景的核心，因为商业论证是确保执行项目集所必需资金和资源的方法，而且可以持续地评估项目集实现预期战略性商业目标的进展。

商业论证的记录形式可能多种多样。然而，对于商业论证中所必须涵盖的信息种类存在着一种结构性框架。同时，因为每个项目集都各有不同，一份详细全面且富有说服力的商业论证需要在字里行间对项目集进行阐述。为了提出项目集的不同之处及其运行所处的组织环境，那可能需要在结构性框架中增加新的部分或者按需对材料进行重组。

详细全面的商业论证的框架可能涵盖执行概要、项目集战略一致性、项目集范围、投资回报率、假设、收益、风险分析、估算时间线、估算成本、项目集团队结构、项目集团队名册、支持主题专家、推荐及附录。

执行概要对项目集及其收益、ROI 和估算执行时间进行介绍和描述。简而言之，执行概要描述了项目集的内容、成本，以及计划交付的收益和时间。

项目集战略一致性部分将战略计划做输入，描述了项目集将如何执行组织战略。

项目集范围部分定义了项目集的一般范围。详细的项目集范围是在项目集收益交付阶段，即当所有项目集信息都已知时，通过项目集管理计划加以定义的。

投资回报率部分计算了项目集完工后相比于项目集成本所获得的利润。这种计算可能呈现短期和长期 ROI，以及在某个特定时期内每年的 ROI。

假设部分包括对于项目集成功执行而言必须为真的假设清单。每个假设包括当假设不为真时项目集执行会遭受什么的影响描述。（例如，可能导致执行延误或者成本增加。）

收益部分通过可量化的术语定义了项目集完工后将实现的项目集收益。

风险分析部分罗列了会影响项目集执行的所有已知风险。每个风险包括情况描述、发生概率、减轻策略、风险减轻责任人、目标解决日期和风险对项目集的影响，并按高、中、低进行分类。

估算时间线部分描述了项目集生命周期的各个阶段。每个阶段具有计划的起始和完成日期。并且，每个阶段都包括关键交付物和里程碑，连同相应的日期。

估算成本部分逐条列举了项目集在整个项目集生命周期内的成本，并按项目集阶段进行分解。成本也可能按各种各样的类别进行分解（例如，运营成本和资本成本）。

项目集团队结构部分描述了团队成员角色，并通过组织结构图对项目集团队成员间的关系进行记录。

项目集团队名册部分列出了项目集团队中每个角色的候选人。名册中包括姓名、头衔、技能及项目集的工作分配百分比。

支持主题专家部分列举了不是项目集团队成员，但是在需要的时候将提供主题专家意见的人员。清单包括角色、姓名、职位和主题专家的描述。

推荐部分包括针对项目集批准或者否决的推荐，并对推荐的原因进行了概述。这些原因是由在商业论证的前续部分讨论过的发现所证实的。

附录可能包括支持数据、研究报告、相关的文档和其他支持材料。

一旦项目集商业论证完成，项目集经理将与高管发起人和利益相关方一起审核商业论证，并征得他们的批准。一旦获得批准，商业论证便建立了权威、意图和商业需要哲学。商业论证还作为项目集预期交付价值的正式声明，以及为交付价值将耗费资源的正当理由。商业论证是组织领导层对项目集颁发章程并进行授权的关键输入。

我们从培训客户了解到的最热门话题是项目常常是通过解决方案来获得证明和启动的。这个问题是由于项目没有商业论证，或者商业论证内容不充分所导致的。产生的解决方案因而常常不能完全解决根本问题：返工后又会产生新的问题，并且项目陷于持续痛苦的情况将会循环往复。

商业论证不充分或者缺失往往会导致项目范围不明确，常造成范围蔓延，进而造成返工、成本超支和延期。另外，项目上不合适的方法常常会导致刚性解决方案，比如，在保证提供客户化解决方案的情况下选择了商业现货（Commercial-Off-The-Shelf，COTS）包。缺少或者无效的商业论证也容易因为前期产品需求不明确而造成大量的变更，以及时间和成本的超支。

因为商业论证有时候会被与工作说明书（Statement of Work，SOW）混为一谈，所以对这两份文件之间的差异进行概述便显得尤为重要。工作说明书和商业论证服务于不同的目标，因此包含了不同的信息。工作说明书是一种常规上用于项目管理领域的文件。它定义了项目特定的活动、可交付成果和供应商向客户提供服务的时间线。

工作说明书对项目将要提供的产品和服务进行了概括。这是一种为了外部使用而创建的文件。商业论证确认了商业需要并通过提供成本效益分析论证了项目资金的合理性。这是为内部使用而创建的。

路线图

项目集路线图既是以图表形式对项目集预期方向按时间顺序展示，又是一套针对每个时间轴上事件的文档化的成功标准。它表述了主要里程碑之间的关键依赖关系，沟通了商业战略和规划的优先级工作之间的联系，揭示并阐明了差距，并且提供了针对关键里程碑和决策点的概要视图。路线图还会对关键节点目标、挑战和风险进行概括，并提供针对支持性基础设施和组件计划的高层级快照。

项目集路线图可以成为管理项目集执行和评估项目集实现预期收益进

展的有价值工具。为了实现有效的项目集治理，项目集路线图可以用来呈现组件是如何组织成主要的阶段或者区块的；然而，路线图是不包括特定组件的内部细节的。

商业论证向路线图提供输入。项目集经理可能使用组织内已开发的路线图模板，或者借助于像 PowerPoint、Excel 或 Microsoft Project 这样的软件包来创建路线图。Excel 和 Microsoft Project 提供了免费的路线图标准化模板。

为了阐明如何创建路线图，我们将以呼叫中心流程改进项目集为例。如前文所描述的，项目集包括子项目集，其由项目 1 提升呼叫响应质量和项目 2 缩短呼叫响应时间组成。项目集还包括项目 3 在所有的呼叫中心实施项目 1 和项目 2。

在项目集定义阶段，可获得以下项目集和组件的信息：

- 项目集计划于 2016 年 10 月 3 日开始。
- 项目集的阶段 1 包括执行项目 1。项目 1 计划于 2016 年 10 月 3 日开始。周期为 3 个月，并且项目 1 将于 2016 年 12 月 30 日交付收益。
- 项目集的阶段 2 包括执行项目 2。项目 2 计划于 2017 年 1 月 2 日开始。周期为 3 个月，并且项目 2 将于 2017 年 3 月 31 日交付收益。
- 项目集的阶段 3 包括执行项目 3。项目 3 计划于 2017 年 4 月 3 日开始。周期为 6 个月，并且项目 3 将于 2017 年 9 月 29 日在所有的呼叫中心实施项目 1 和项目 2。
- 项目集计划于 2017 年 9 月 29 日结束。

利用上述的概括信息，项目集经理在 Excel 中建立了呼叫中心流程改进项目集的路线图，如图 3-2 所示。

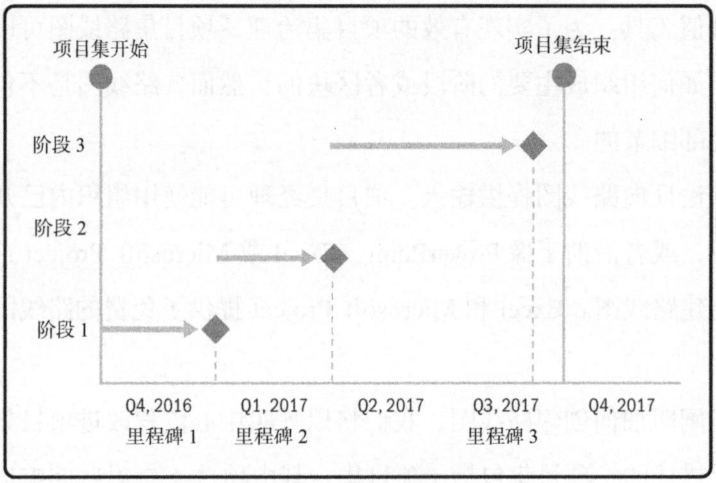

图 3-2　呼叫中心流程改进项目集路线图

在项目集获得批准后，路线图成为项目集管理计划的关键输入。路线图的初稿是在项目集定义阶段完成的，见第 8 章。

环境分析

内部和外部因素会影响每个项目集，左右项目集执行的成功与否。内部因素是存在于组织内部但在项目集之外的因素。例如，组织结构便是一个影响项目集的内部因素。不管是项目导向型还是项目集导向型的组织都对项目集执行进行了多方面的定义，包括项目集的结构和项目集经理的角色。内部因素的例子包括企业文化、出资和可获取的资源。外部因素是指存在于组织外部的因素。外部因素的例子包括法规要求、政局动荡和自然灾害。

环境分析是识别内部和外部因素，分析它们对项目集的影响，并制订计划来减轻内外部因素给项目集所带来风险的过程。环境分析有很多种类型，包括相对优势分析、可行性研究、假设分析、历史信息和 SWOT（优势、劣势、机会与威胁）分析。

相对优势分析将一个项目集与真实的或者假设的项目集进行对比。这种分析将商业论证作为主要的信息源。分析会将项目集可能具有的存在于组织内部或者外部的竞争性活动考虑进来。分析还会包括项目集如何通过其他方法实现收益的假设情景分析。

可行性研究分析组织内项目集的可行性，包括出资和可获取的资源、复杂性和制约因素。可行性研究将商业论证作为主要的信息源。

假设分析是识别和记录项目集假设条件的过程。它是一种贯穿项目集生命周期的迭代过程。最初，项目集假设是在定义阶段被识别出来的，并且在收益交付阶段进行验证以确保假设还没有因为新的信息和项目集活动而废止。

历史信息分析识别组织以往完工项目集的成功因素和失败原因。历史信息分析使用以往完工项目集的所有工件，包括商业论证、路线图、环境分析、风险日志和项目集管理计划。历史信息分析汇集了以往完工项目集的经验教训，以及针对未来项目的最佳实践。

SWOT 分析了项目集的优势（Strengths）、劣势（Weaknesses）、机会（Opportunities）与威胁（Threats）。这种分析有助于识别项目集风险和为项目集章程和项目集管理计划提供信息。

阶段关口评审

选择将来可以执行组织战略的正确的项目集是至关重要的。然而，在整个项目集生命周期中持续确保项目集与组织战略的一致性也是同等重要的。正如在前文所讨论过的，在定义阶段确保项目集一致性的元素包括商业论证、路线图和环境分析。在收益交付阶段确保项目集一致性的元素是阶段关口和准备情况评审。

阶段关口是在阶段末进行的评审，在此期间对继续进入下一个阶段、修改后继续，还是结束项目或者项目集进行决策。阶段关口评审在项目集每个阶段的后期开展。评审采用多重标准，包括持续保证项目集与组织战略的一致性。阶段关口评审标准包括：

- 商业合理性：以确认项目集持续的商业需要及组织的战略一致性。
- 执行质量：以确认收益的质量。
- 行动计划：以确认继续执行项目集所需要的时间和资源。

第 4 章 项目集收益实现与管理

收益实现是组织实施项目集管理的主要原因之一。本章深入地分析了项目集收益实现绩效域，定义了商业价值，而商业结果帮助我们理解项目集收益及商业价值两者之间的区别。通过对项目集管理连续体的分析，可以展示当组织朝着项目集导向空间发展时，收益交付是如何增加的。本章介绍了收益管理通过实施收益管理策略来加以实现，其包含了五个阶段：收益识别、收益分析与规划、收益交付、收益转移及收益维持。

本章包括以下部分：

- 收益实现。
- 收益管理。

收益实现

组织部署项目集的主要原因之一是实现收益。为客户聚焦商业价值已经帮助许多团队为每个项目选择了最佳的解决方案，促成了在产品建设方法上的决策，并在项目集内对各个项目进行优先级排序。在对项目集是如何管理收益实现做出分析之前，对收益的定义及对收益组件的审查是十分重要的。

收益是为预期接收者提供效用、价值或积极变化的行为及其结果。项目集实现各类收益，包括新产品及新服务的开发、新市场的进入、市场份额的增长、财务组织成果的改善、组织过程的改善等。项目集收益由两部分组成：商业价值和商业结果。

商业价值

商业价值包括为了优化企业的业务职能，项目集管理所提供的协同化改进。例如，任何项目集向组织提供的关键商业价值都是从以项目集方式来管理相关项目中实现收益的。例如，呼叫中心流程改进项目集带来的关键商业价值是通过对所有呼叫中心整合实施项目 1 和项目 2 来实现的。项目集商业价值的其他例子包括：通过在项目集中承担商业管理职责来实现业务的可扩展性，将商业功能元素进行整合用来部署工作，以及将财务目标与商业目标相结合。

组织通过优化一些业务职能来实现项目集的商业价值：

- 保持商业战略与执行的一致性。
- 整合业务职能。
- 驾驭业务和环境的模糊性。

- 实现业务可扩展性。
- 管理分布式协作。
- 缩短达成收益的时间。

↘ 保持商业战略与执行的一致性

对于许多组织来说，项目集管理通过确保与组织战略的一致性来提供价值。项目集管理在战略目标、项目集目标与项目集收益之间建立了重要的链接。最初，在项目集定义阶段准备商业论证时建立了链接。在收益交付阶段，通过实施阶段关口评审来确认上述链接。

↘ 整合业务职能

项目集管理通过整合组织内不同运营部门的工作来创建有效的商业模型，进而增加其商业价值。项目集管理通过整合集体努力成果，将各类职能聚焦在一个共同的目标上，以改善商业结果。

↘ 驾驭业务和环境的模糊性

通过项目集管理原则驾驭业务和环境的模糊性，组织将实现以下重要收益：

- 提供必要的领导，有效融合众多观点和事项。
- 建立一个灵活的变革管理框架。
- 委任一名业务专员，以确保高级管理人员制定的战略目标得以实现。

↘ 实现业务可扩展性

项目集管理通过承担开发每种新能力的投资回报率的管理职责，向组织提供一种有效的业务扩展途径，进而提供其商业价值。

↘ 管理分布式协作

有效的管理需要对工作投入加以整合，以满足日益增长的复杂性要求。然而，另一个新兴现象——分布式团队，为整合多个工作结果增加了一层复杂性。许多公司历来都在传统的企业构架下运作，其特征是部门或群体都强烈孤立，而在这些部门间进行横向合作是有困难的，更不用说全球化合作。这些公司正在意识到采用分布式模式进行管理的需求，不仅是为了竞争，在许多情况下更是为了生存。

许多成功管理这些日益分布式环境的公司正在做两件关键的事情：

- 采用系统方法来开发能力。
- 采用项目集管理有效整合解决方案。

在汽车、航空航天和国防工业领域早期采用这种方法运作的公司，仍在继续沿用。最近，像苹果、salesforce.com、英特尔及凯萨医疗（Kaiser Permanente）等公司都已发现，通过利用系统和平台的概念，再加上项目集管理来开发新能力，能帮助公司取得巨大的成功。

缩短达成收益的时间

客户除要求提供日趋复杂的解决方案外，还希望加快新功能的交付。众所周知，在当今竞争激烈的世界里，达成收益的时间是取得优势的关键因素。

如果组织有一个很强的项目集管理职能部门，那么交付的产品就会更贴近客户的需求，团队在项目后期能减少迭代时间以满足客户期望。项目集经理通过平衡市场需求和工程能力，使工程团队有更为清晰的认识，从而制定切合实际的客户目标。这样也使资源得到了最有效的利用，让项目集团队能够一次性地交付客户想要的结果。

商业结果

商业结果是创建和实施项目集所交付的新的产品、服务和其他能力所导致的有形商业成果。商业结果的例子包括提升的盈利能力、扩大的市场份额、降低的产品成本及增加的生产能力。呼叫中心流程改造项目集取得了两项商业结果：提升的呼叫响应质量和缩短的呼叫响应时间。

在组织中如何实施项目集管理与通过项目集管理实现大量收益有着直接的联系。通过对项目集管理连续体的分析表明，当组织以项目集为导向运作时，收益交付会增加（见图 2-2）。朝着项目集导向型组织所做的转变，促成项目集战略一致性的加强及收益交付能力的提升。

项目导向型组织所运用的项目集是已有项目和其他工作活动组合而成的单一实体。在这类项目集中，单个项目集构架能更有效地实现多个项目的管理。项目集管理功效的实现是由组织执行团队的愿望驱使的，寄希望于创造一种更具战略性的工作方法来完成组织内的工作。

相反，在项目集导向型组织中，项目集通常是由组织的战略目标所驱动的。战略目标定义战略项目集，因此，定义商业结果源自对创建交付项目集输出的期望。

当企业有意识地决定要变得更加以项目集为导向进行运作时，交付商业结果的责任就落到了项目集经理的头上。在项目集导向型组织中，项目集经理变得越来越对实现收益负责。项目集经理确保通过提供整合解决方案、提供项目集领导、协调项目集中的多个项目，以及与组织内的多个业务职能部门进行协作来获得商业收益。项目集经理可以通过有效的收益管理来实现这一目标，正如第 2 章中所详述的那样。

收益实现阐明并测量项目和项目集将如何真正地给公司增加价值。收益实现是具有挑战性的，但当执行正确时，它将有助于确保项目结果产生预期收益。这是通过建立、测量和沟通组织活动结果来实现的。这种对绩效的洞察是未来项目必备的规划工具。

具有成熟的收益实现过程的组织得益于：

- 明确确定战略奖励。
- 有效评估和监测风险。
- 主动规划必要的组织变革。

- 明确界定项目成功的责任。
- 常规地延伸项目团队整合的责任。

实施收益实现计划的组织理解其蕴含的价值，因为它们正在捕获展示项目管理投资回报所需的硬事实。然而，很少有组织有行之有效的收益实现项目集。事实上，很多人根本就没有收益实现项目集，所以他们错过了一个去了解什么能帮助他们提高项目成功率的机会。我们需要继续研究收益实现所面临的挑战，以洞察组织如何应对这些挑战。

项目管理协会发布的《职业脉搏调查®：捕获项目管理价值（2015）》［*Pulse of the Propession®: Capturing the Value of Project Management (2015)*］一书中表明，每五个组织中仅有一个能达到收益实现成熟度高的水准。尽管这个比例很低，但自 2013 年以来已增长了 63%，表明这个主题仍然具有很高的关注度，甚至组织需要花费大力气去达到这个水准。高绩效组织有四倍以上的可能性达到高收益实现成熟度，高绩效组织的 39%相对于低绩效组织的 9%，因为它们将收益实现成熟度视为企业的当务之急。

此外，收益实现成熟度高的组织所产出的项目成果明显优于相对较低的组织，如图 4-1 所示。

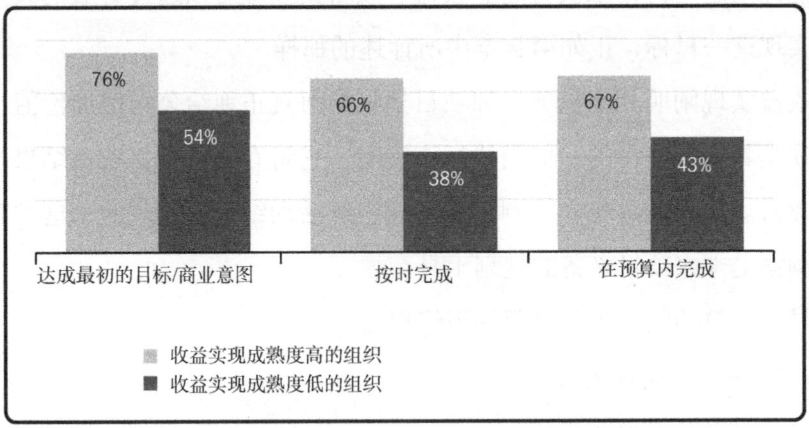

图 4-1 收益实现与项目成果

为了成功地实现项目集收益，开发一种方法和工具来测量项目集收益是很重要的，下一节将对此进行讨论。

收益管理

收益管理可以通过运用项目集收益管理策略来实现，该策略定义了项目集在接收必要的资金并被正确地执行时，是如何助力于实现组织级战略目标的。项目集收益管理策略用于指导项目集的执行，通过保持项目集与商业结果的一致性来实现。

项目集收益管理策略的制定发生在项目集定义阶段。在这个阶段，项目集经理识别、定义和具体描述收益。项目集收益管理策略用于指导项目集的执行，使得其与期望的商业结果保持一致。

项目集经理在项目集收益交付阶段可能遇到的一个常见问题是预期商业目标与项目集输出之间存在不一致。为了缓解这个问题，项目集经理可以运用收益映射工具来检查并确保项目集所有组件与收益管理策略相一致。

项目集收益管理是识别项目集计划的收益并监督项目集实现这些收益能力的过程。项目集收益管理的目的是使项目集利益相关方在项目集过程中通过实施各种活动聚焦于交付的结果与收益。为此，项目集经理使用项目集收益管理持续地进行以下活动：

- 识别和评估项目集收益的价值与影响。
- 保持预期收益与组织目的和目标的一致。
- 分派实现项目集收益的责任与义务。
- 监督项目集内各种项目可交付成果之间的相互依赖关系，以及这些输出如何有助于整体的项目集收益。
- 分析项目集的计划变更对预期收益交付造成的潜在影响。
- 确保已实现的收益能够维持。

在项目集收益交付阶段，项目集内的组件通过计划、开发、整合和管理来促进预期的项目集收益交付。在项目集收益交付阶段，收益分析和规划活动与收益交付活动可能一起按照迭代的方式执行，尤其在需要采取纠正措施以实现项目集收益的情况下。

项目集收益管理在整个项目集持续时间内需要与其他项目集绩效域持续交互。在本质上，这种交互是周期性的，通常在项目集早期阶段以“自上而下”，而在项目集后期阶段以“自下而上”的方式进行。例如，项目集战略一致性结合项目集利益相关方参与，为项目集提供了关键输入/参数，包括愿景、使命、战略目的和目标，以及定义项目集收益的初步商业论证。项目集绩效数据通过项目集治理来评估，以确保项目集总是产生其预期的收益和结果。

项目集收益管理贯穿整个项目集生命周期，包括收益识别、收益分析与规划、收益交付、收益移交和收益维持，如图 4-2 所示。

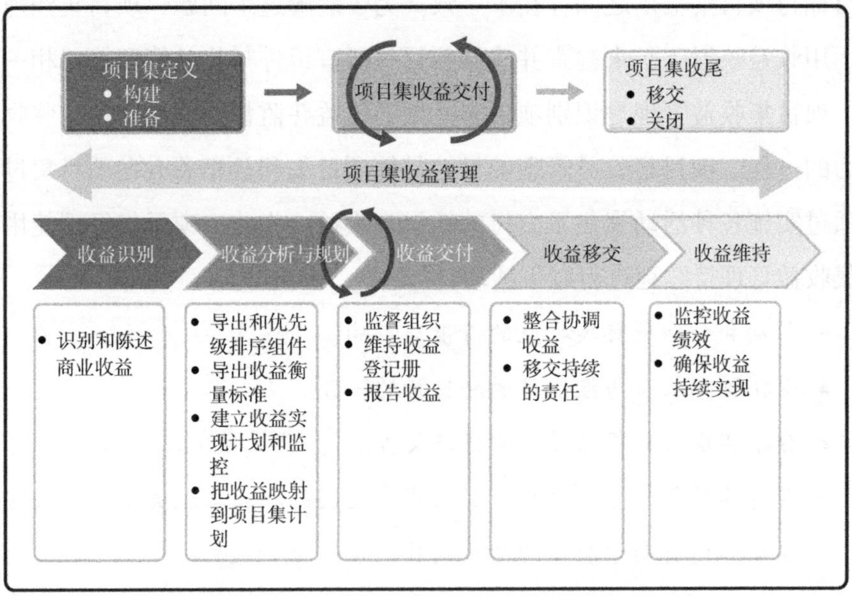

图 4-2　项目集生命周期与项目集收益管理

↘ 收益识别

收益识别发生在项目集生命周期的早期，具体是在项目集定义阶段中的项目集构建子阶段进行的。在收益识别中，项目集经理分析可用要素，包括项目集商业论证、路线图、环境分析及其他相关信息，以确定和量化收益。收益分析包括收益组件的导出和优先级排序。此外，还包括制定度量指标，用以测量在项目集执行阶段产生的收益。在识别收益之后，下一步是将这些收益映射到项目成果和交付物中。

收益地图提供了项目成果与通过项目集输出获得预期收益的可交付成果之间的可追溯性。这对首次为项目集确立整体愿景和范围而言是至关重要的信息，然后是沟通每个组件项目是如何助力项目集的目标的，最后是跟踪项目集和组件项目的执行情况，以最终交付商业收益。如同许多项目集基础工具一样，收益地图用于辅助描述特定项目集目标是如何实现的。然而，由于项目可交付成果和项目集目标成果之间是一对多的关系，所以收益地图可能变得复杂而费解。构建有效收益地图的关键是确保每个项目的可交付成果或产物映射到项目集的目标中，进而映射到商业因素。对于复杂度更高的项目集，建议进行映射，通过表格形式呈现来建立秩序、减少混乱，并维持收益地图比其创建时具有更大的价值。

收益地图旨在运用于整个项目集的生命周期中，以分析因项目集初始愿景和范围发生的调整和变化所带来的后果。收益地图的第一次使用通常是作为商业论证形成过程中的一部分，在这个过程中，从收益到项目集目标再到战略意图的高层级映射已经建立。随后，当在详细规划期间对项目集范围及项目产出对商业收益的可追溯性需有全面理解时，将添加进一步细节内容。

项目集收益地图涵盖以下内容：

- 组织级战略目标。

- 商业成功因素，将组织级战略目标通过不同类别的归类（如财务、会计、营销、时间、质量等），转化为项目集的目标。
- 将商业成功因素按以上类别进行分组的项目集目标。
- 从项目集目标中产生的项目集可交付成果。

以呼叫中心流程改进项目集为例，我们将建立一张项目集收益地图：

- 组织级战略目标是提供最高的呼叫响应质量和最快的呼叫响应时间。
- 商业成功因素将战略型组织级目标分为两类：质量和时间。
- 为质量和时间设立的项目集目标：
    - 质量目标是将呼叫响应质量提升 25%。
    - 时间目标是将呼叫响应时间缩短 30 秒。
- 为质量和时间设立的项目集可交付成果：
    - 质量可交付成果是改进呼叫响应脚本。
    - 时间可交付成果是改善呼叫响应工作流。

连同项目集工作分解结构和项目集体系架构一起，收益地图是一个用来建立项目集总体范围并展现项目成果与项目集目标可交付成果之间一致性的有用工具。收益地图也可以用来与高层领导、整个项目集团队及项目集其他利益相关方沟通如何将组织战略与项目集融合在一起，以及每个项目集收益将会如何实现。

通过使用收益地图，组织的高级管理层和项目集团队都能获得一些优势。它有助于更好地澄清和理解项目集的愿景和范围，并在项目集目标、项目成果和要实现的商业收益之间建立直接对接。收益地图还提供了一个系统化流程来评估作为项目集成本效益分析组成部分的项目集收益，这是项目集商业论证中的一个关键要素。最后，它能够集中跟踪和监督作为项目集治理过程组成部分的收益实现进展，并从收益实现的角度建立一种评估项目集成功的有效举措。

在对收益进行识别和映射之后，为了确保其能全面实现，对收益进行跟踪是很重要的。收益跟踪包括检查项目集实现收益的进展。如果定义了关键商业成功因素并将其作为项目集治理系统的一部分进行持续审查，那么这种方法可供项目集发起人和治理委员会客观地评估项目集的价值。

有一种协助进行收益跟踪的工具叫作收益登记册。收益登记册收集并罗列了项目集的计划收益，并在整个项目集历时中被用来测量和沟通收益交付情况。根据项目集的复杂程度，登记册可能包含以下相关信息：

- 收益编号。
- 收益名称。
- 收益描述。
- 收益如何实现。
- 收益与组件之间的映射图。
- 收益测量。
- 收益交付责任人。
- 收益实现日期。
- 状态，包括未开始、进行中和已完成三种情况。

重要的是要注意，收益登记册在收益交付阶段进行迭代式更新，因为并非所有组件信息在定义阶段都可以被知晓。我们将使用呼叫中心流程改进项目集来制作一份收益登记册。登记册列出了两个收益：将呼叫响应质量提升 25%，并将呼叫响应时间缩短 30 秒，如表 4-1 所示。

表 4-1　呼叫中心流程改进项目集收益登记册

#	收益名称	描　　述	收益如何实现	组件收益映射	收益测量	责任人	实现日期	状态
1	提升呼叫响应质量	呼叫响应质量提升 25%	改进呼叫响应脚本	项目 1	在实施前后分别进行客户调查，以确认质量提升 25%	项目经理 1	2016 年 12 月 30 日	开放

续表

#	收益名称	描　述	收益如何实现	组件收益映射	收益测量	责任人	实现日期	状态
2	缩短呼叫响应时间	呼叫响应时间缩短30秒	改进呼叫响应工作流	项目2	在实施前后分析呼叫响应时间统计数据，以确认响应时间缩短了30秒	项目经理2	2017年3月31日	开放

收益分析与规划

收益分析与规划考虑收益将如何实现，并通过开发收益度量指标来确定将如何监督收益的实现。收益度量指标是成功实现收益的关键，因为它用来监督增量式收益交付。收益度量指标应包括增量式的收益交付日期和可量化的收益交付测量。可量化的收益交付测量可包含在某一日期前完成的百分比、提升质量的百分比、节省或缩短的时间、增加市场份额的百分比，以及完成产品设计或准备就绪的百分比。在整个项目集生命周期中，增量收益及全部收益都在收益登记册中跟踪。

我们将使用呼叫中心流程改进项目集来说明收益衡量。该项目集有两个收益，每个收益都有增量收益实现度量指标。例如，用于提升呼叫响应质量的增量度量指标是对呼叫脚本改进的百分比。用于缩短呼叫响应时间的增量度量指标是呼叫响应工作流改进的百分比。

项目集经理制订一份收益实现计划，正式记录为实现项目集计划的收益而采取的必要行动。它指明预期收益如何且何时交付给组织，同时明确说明应该就绪的以确保收益在生命周期中得以完整实现的具体机制。收益实现计划是项目集实施过程中指导收益交付的基准文件。收益实现计划还是识别为驱动收益实现而进行变更的相关任务、过程与系统，以及现有过程和系统所需要的变更，还包括何时转入运营状态及如何转入。

利用收益实现计划，项目集经理制定一份项目集路线图，它是描述关键里程碑之间依赖关系的时间顺序展现，描绘主要里程碑之间的关键依赖，传递业务战略与规划的和优先的工作之间的连接，揭示并解释差距，并为关键里程碑和决策点提供高层级的视角。项目集路线图同时也总结关键结束点的目标、关键挑战和风险，以及提供支持基础设施和组件计划的高层级快照。项目集经理在收益交付阶段更新项目集路线图，相关描述在下一章中体现。

↘ 收益交付

收益交付确保项目集交付商业论证中定义的预期收益。组织通过部署项目集来实现收益。随着时间的推移，项目集收益将超过项目集成本，这在商业论证中有明确描述。收益管理是一个迭代的过程。当所有的组件信息在项目集收益交付阶段变得可用时，收益分析、规划和交付可以随着新信息的出现而不断地进行修正。这些修正将转化为许多项目集文件中的变更，其中包括收益实现计划。

一个项目集中有多个组件，包括子项目集和组件项目。每个组件都整合到项目集中。组件的开始和结束也是整个项目集的里程碑。组件的完成标志着组件和项目集收益的实现。

我们使用呼叫中心流程改进项目集的例子来说明。该项目集包含一个包含项目 1 和项目 2 的子项目集，以及项目 3。每个组件都有成为项目集里程碑的开始日期和完成日期：

- 子项目集 1 开始于 2016 年 10 月 3 日，项目 1 开始。
- 项目 1 完成于 2016 年 12 月 30 日，项目 1 收益交付。
- 项目 2 从 2017 年 1 月 2 日开始。
- 项目 2 完成于 2017 年 3 月 31 日，项目 2 收益交付。
- 项目 3 从 2017 年 4 月 3 日开始。

- 项目 3 于 2017 年 9 月 29 日完成，并在所有呼叫中心实施项目 1 和项目 2。

要使收益具有价值，就必须充分且及时地实现收益。正如收益实现计划中的定义，由项目集组件和项目集本身交付的真实收益应当定期地与预期收益进行对比评估。一个关键方面是考虑项目集组件（甚至整个项目集本身）是否仍然可行。如果项目集价值定位发生改变（例如，如果项目集整体的生命周期成本将超过收益，或者如果收益交付时间太迟），那么这种情况便会发生。有效的治理有助于确保承诺的价值伴随收益的交付而实现。这就是为什么将项目集治理绩效域和收益管理绩效域加以整合，共同有助于确保项目集总是连续不断地与组织战略保持一致，并且确保预期价值仍然可以通过项目集收益交付得以实现：

- 战略一致性聚焦于确保企业与项目集计划之间的连接；聚焦于项目集价值主张的定义、维持及确认，以及聚焦于项目集管理与企业运营管理的一致性。
- 价值交付聚焦于确保项目集交付承诺的收益，并将这些收益转换为价值。

收益移交

收益移交确保项目集收益移交到运营领域，并且移交后收益可以维持。当组织、社区或其他项目集受益人能够利用这些收益时，项目集收益的价值也就得以交付。收益移交确保项目集移交的范围得以定义，接收组织或部门的利益相关方得以确定并参与规划，项目集收益得以测量，维持计划得以制订，项目集移交得以执行。项目集内的收益移交规划活动只是完整移交过程的一部分。接收组织或职能部门负责在其职责领域内做好所有的准备过程和任务，以确保项目集产品、服务和能力顺利接收并与其职责领域相整合。

收益可能在项目集正式工作结束前实现，而且很有可能在项目集正式工作已经完成后持续很长时间。如果组件本身就规划为组织提供增量收益，则收益移交可能在单个项目集组件项目收尾后执行。如果项目集作为一个整体规划为组织提供收益，而且没有已识别的增量收益，收益移交也可以在整体的项目集收尾后执行。

我们将使用呼叫中心流程改进项目集来举例。即使组件具有增量收益，项目集收益直到项目集结束才实现。项目 1 提供了改进呼叫响应脚本的增量收益，项目 2 提供了改进呼叫响应工作流的增量收益。然而，在项目集结束之前,在所有呼叫中心实施项目 1 和项目 2 的项目集收益都没有实现。

项目集可能有不同的收益接收者（如内部和外部、各部门及其他项目集）。在呼叫中心流程改进项目集中，项目集收益接收者都是呼叫中心。

一些组织没有将收益移交至正在进行中的运营活动，导致收益丢失、资本浪费和机会窗口关闭。导致收益移交出现问题的主要原因包括部门间各自为政的运营方式，以及在项目集执行过程中缺乏沟通。确保项目集收益的移交对组织的成功至关重要。为了确保移交的一致性，部门需要有正式的收益移交过程和有效的治理。

↘ 收益维持

收益维持确保不间断运行的维持任务已经正式移交到恰当的实体，或者移交到对正在进行中的移交后工作加以管理的后续项目集。当项目集关闭时，项目集提供的收益维持职责可能传递到另一组织。收益可以通过运营、维护、新项目和/或项目集或其他工作得以维持。收益维持计划应先于项目集收尾制订，以便识别必要的风险、过程、测量、度量指标和工具，从而确保持续地实现交付的收益。持续维持项目集收益应当在实施项目集的过程中由项目集经理和组件项目经理规划。然而，确保收益维持的实际工作通常在项目集关闭后开展，而且超出单个组件项目的范围。

目前，已经观察到有一些组织在持续运营期间没有维持收益。这会导致返工、额外支出和重复的资源使用。收益维持不到位的发生可能是由于没有对收益维持做责任划分，以及缺乏正式的收益维持计划。确保项目集收益的持续性对组织的成功至关重要。为了确保收益的维持，重要的是要有一个正式的收益维持计划和有效的治理，以确保被移交的部门对收益维持负责。

第 5 章

利益相关方参与

由于项目集利益相关方具有不同程度的利益诉求，所以基于他们的需要来管理他们的期望很重要。本章对利益相关方参与绩效域进行描述，包括如何争取和管理利益相关方参与。本章介绍了利益相关方地图——一种可用来管理利益相关方的工具。本章最后描述了如何管理冲突利益相关方的优先级。

本章包括以下部分：

- 利益相关方识别。
- 利益相关方参与和冲突优先级管理。

利益相关方识别

既然多个利益相关方可能对是否为某个项目集出资而发声，那么对项目集经理而言，利益相关方管理是其必须履行的一个关键职责。当重要投资决策临近时，关键利益相关方对某个项目集的不同的需要、愿望、议程的竞争程度都将达到最高。项目集经理必须在争取他的利益相关方的参与上投入相当多的时间。利益相关方参与将涉及就项目集价值主张获得认同，就实施项目集所需资源赢得承诺，以及尽可能地解决利益相关方所关注的问题。

利益相关方是指那些将与项目集进行互动的人，以及那些将受项目集实施所影响的人。项目集经理和项目经理都有传统的如同识别和应对风险的方法来分类和管理利益相关方期望。利益相关方就如同风险，需要被识别、研究、分类和跟踪。利益相关方也如同风险，可能来自项目集的内部或外部，而且可能对项目集成果有正面或负面的影响。项目集经理和项目经理需要知道利益相关方和风险以理解和处理项目集和项目所处的变化环境。

初始的项目集利益相关方识别在项目集定义阶段被实施。该阶段的目的是尽可能多地识别利益相关方。用来帮助识别利益相关方的文件包括商业认证、项目集路线图及环境分析。已识别的利益相关方被记录在利益相关方登记册中。在收益交付阶段，随着可获取的项目集信息越来越多，额外的利益相关方可能被识别并记录在利益相关方登记册中。其中一个关键成功因素是尽早创建利益相关方登记册并在收益交付阶段定期更新它。

不同的组织和项目集可能有不同的利益相关方类型分类。项目集利益相关方举例如下：

- 项目集发起人。项目集的倡导者，负责提供项目集资源和交付项目集收益的个人。
- 项目集治理委员会。负责确保项目集目的实现和为跨组织间的项目集风险的解决提供帮助的团体。

- 项目集经理。负责管理项目集的个人。
- 项目经理。负责管理项目集内组件项目的个人。
- 项目集团队成员。实施项目集活动的人员。
- 项目团队成员。实施组件项目活动的人员。
- 出资组织。组织内的一部分或外部组织，为项目集提供资金。
- 执行组织。通过组件项目和非项目工作来执行项目集工作的团体。
- 项目集管理办公室。负责定义和管理与项目集相关的治理过程、程序和模板，通过集中行政管理职能为单个项目集管理团队提供支持，或者为项目集经理提供专门帮助的组织。
- 客户。那些将要使用项目集所交付的新能力/结果和得到预期收益的个人或组织。客户是项目集最终结果的主要利益相关方，并且将影响对项目集成功与否的评判。
- 潜在客户。将密切关注项目集是如何交付既定收益的过去和未来的客户。
- 供应商。通常因政策和程序变更所影响的产品和服务提供商。
- 政府监管机构。它们是在地方和国家主权政府及其他相关非政府组织的规章和法律范围内运作的组织，它们规定必须遵守的标准或要求。
- 竞争者。依赖执行组织的项目集收益，并将其作为自身项目集的一个组件。因此，竞争者们对项目集的成功感兴趣。竞争者们也可能将他们的成功与执行组织的成功进行对照。受影响的竞争者可作为利益相关方进行管理。
- 受影响的个体或组织。那些感知到自身将因项目集活动受益或受损的人群。
- 其他组织。代表消费者、环境或其他利益的群体。

利益相关方对项目集都有不同程度的利益诉求与影响。由于自身需要的不同，不同的利益相关方要求有不同水平的管理。如图 5-1 所示的利益相关方地图，有助于用来对利益相关方进行分析，并根据利益相关方对项目集不同的利益程度将利益相关方分成不同的四种类型：

- 重点管理型。该类型包括高权力且高利益这一区间的利益相关方，对项目集的利益高且影响力高。
- 保持满意型。该类型包括高权力且低利益这一区间的利益相关方，对项目集的利益低但影响力高。
- 保持告知型。该类型包括低权力且高利益这一区间的利益相关方，对项目集的利益高但影响力低。
- 最小投入监督型。该类型包括低权力且低利益这一区间的利益相关方，对项目集的利益低且影响力低。

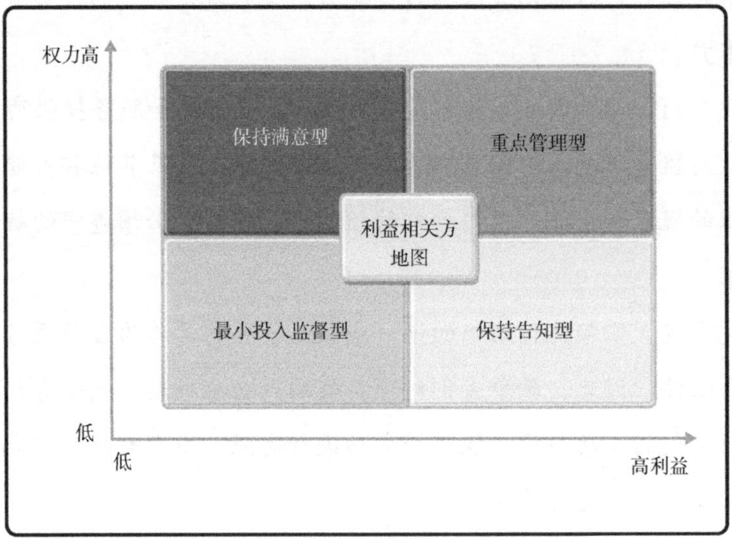

图 5-1　利益相关方地图

利用项目集利益相关方列表，我们将每个利益相关方归入利益相关方地图中的四类利益相关方：

- 重点管理型：包括项目集发起人、项目集治理委员会、项目集经理和出资组织。
- 保持满意型：包括项目集管理办公室、政府监管机构和供应商。
- 保持告知型：包括项目集团队成员、项目经理、执行组织、客户和潜在客户。
- 最小投入监督型：包括竞争者、受影响的个人和组织。

与风险不同，利益相关方不能被管理，只有利益相关方期望才可以被管理。不同利益相关方有不同的参与程度。利益相关方参与程度可定义如下：

- 不知晓。利益相关方不知晓该项目集，并且没有参与其中。
- 抵制。利益相关方对项目集将带来的变革表示抵制。
- 中立。利益相关方知晓该项目集，但不参与或不影响项目集。
- 支持。利益相关方支持项目集所带来的变革，并且对项目集有影响。
- 领导。利益相关方积极参与项目集，并且对项目集有必要的影响程度。

项目集经理准备一份利益相关方参与计划来争取利益相关方参与，在整个项目集生命周期中根据需要来改变他们的参与程度。项目集经理同时也与利益相关方一起管理冲突优先级来达到所要求的项目集利益相关方参与程度并确保对项目集必要的影响程度。

利益相关方参与和冲突优先级管理

利益相关方参与活动的主要目的在于建立利益相关方对战略目标、既定商业收益、项目集目标和项目集成功标准之间的一致性。它涉及通过建立专业联系来影响项目集主张和监督利益相关方行动、言语和决策来把利益相关方策略付诸行动。

利益相关方参与规划

利益相关方参与规划活动概述如何在整个项目集期间争取所有项目集利益相关方的参与。考虑组织的战略计划、项目集章程和项目集商业认证，对利益相关方登记册进行分析，以了解项目集的运行环境。作为利益相关方分析和参与规划的一部分，将考虑每个利益相关方的如下部分：

- 组织文化和变革接受度。
- 对项目集和项目集发起人的态度。
- 对项目集收益交付的期望。
- 对项目集收益的支持或反对程度。
- 影响项目集成果的能力。

利益相关方的参与

类似项目集信息的许多其他部分，在项目集生命周期中，利益相关方及其角色的列表会发生变化，利益相关方的利益和影响程度也会随之发生变化。这就是为什么利益相关方参与是一项贯穿整个项目生命周期的持续活动。利益相关方参与始于项目集定义阶段，在收益交付阶段继续进行，并在项目集收尾阶段结束。

在项目集定义阶段，项目集经理进行利益相关方参与规划活动。项目集经理识别项目集利益相关方、创建利益相关方登记册，并争取利益相关方参与。

在收益交付阶段，项目集经理通过使用利益相关方地图来管理利益相关方。利益相关方参与管理是一个与利益相关方沟通和合作的过程，以满足他们的需要/期望、解决出现的问题，并在项目生命周期中促进利益相关方适当地参与项目活动。

作为利益相关方参与管理流程的一部分，项目集经理将利益相关方当前的参与水平与期望的参与水平进行比较。项目集经理还需根据需要识别并实施策略，以提高利益相关方参与程度。项目集经理让利益相关方参与影响其领域的决策，并对他们就项目集进展保持更新。利益相关方参与的输出包括风险减轻、项目集管理计划和项目集文件更新，以及项目集范围、预算和时间的变更请求。

在项目集收尾阶段，项目集经理与利益相关方进行项目集收益交付沟通。项目集经理还需沟通项目集最终结果，包括项目集状态，以及收益交付的按时按预算状况。

利益相关方冲突优先级管理

利益相关方总是参与一个组织内的多个项目集。因此，他们要处理冲突优先级和时间制约因素。管理冲突优先级可确保项目集所需要的利益相关方参与程度。在项目集的所有阶段中，项目集经理利用利益相关方参与管理流程来管理冲突的利益相关方优先级。

在项目集定义阶段，项目集经理与利益相关方合作，并确保项目集内必要的参与程度。在初始利益相关方参与过程中，项目集经理定义每个利益相关方在项目集上的必要影响水平。

在收益交付阶段，项目集经理更新利益相关方关于项目集流程和收益交付，而且项目集经理会争取利益相关方参与来降低风险和消除阻碍。

在项目集收尾阶段，项目集将收益交付结果分享给利益相关方，并更新项目集利益相关方，包括项目集状态及收益交付的按时按预算状况。

第 6 章

项目集治理与团队管理

本章使用项目集管理连续体来定义项目集治理绩效域。它演示了组织结构如何定义项目集治理结构和项目集治理角色，并显示每个角色如何适应项目集治理结构。本章将探讨这些角色如何作为一个项目集团队一起工作。本章将探讨如何在每个职能区域中包含这些角色，以及每个职能区域执行什么职责。本章最后描述项目集经理如何构建、领导和关闭项目集团队。

本章包括以下部分：

- 治理结构。
- 治理角色和职能。
- 团队责任。

- 建设、领导和解散项目集团队。

治理结构

项目集治理创建了指导项目集的结构和实践，并提供高层领导、监管和控制。在战略上，它包括监管工作和企业业务方向之间的关系。项目集治理定义了所有角色和职责，并且包含了项目集执行中所涉及的所有决策角色和职责。

项目集需要一个比项目更复杂的治理结构，因为项目集执行基本的商业变革并交付显著的收益。一个简单的管理结构通常管控着多个项目。项目集经理扮演着类似于项目集治理委员会的角色，提供项目监控并帮助升级和解决风险。业务发起人还可能通过确保项目交付成果与业务战略一致来管控项目。

项目集治理结构是由组织结构和项目集管理结构定义的。组织结构对项目集治理结构的影响主要有以下几个方面：

- 在项目集内部建立权利层级和报告结构。
- 确保组织横向结构和项目集垂直结构之间的平衡。
- 建立跨业务部门的管理结构。
- 使项目集治理委员会与整个组织结构相一致。
- 定义项目集管理结构。

项目集管理结构对项目集治理结构有着直接的影响，因为项目集治理结构正在被应用到项目集管理结构中。为了说明这一点，我们将使用项目集管理连续体，并显示当组织从项目导向型向项目集导向型转变时项目集治理结构是如何变化的，如图 6-1 所示。

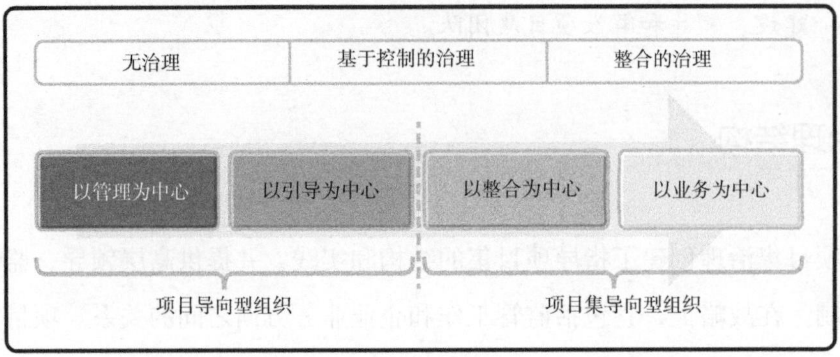

图 6-1 组织结构定义项目集治理结构

如果组织处于项目集连续体最左侧，或者以管理为中心，可能就没有正式的项目集治理模型存在的必要性。对于在连续体中间运行的组织，通常用一种传统的控制方法来进行项目集层面的治理。这是因为单个项目的方法与传统的项目管理方法仍然是主要的理论基础。收集、分析和报告项目绩效数据的目的是测量一致性，仍然是主要的方法。对于以业务为中心的组织，即那些在项目集连续体的右侧运行的组织，整合方法对项目集层级的治理是必要的。用整合方法识别项目团队、项目集团队和企业的业务团队之间的协作关系。

治理角色和职能

创建项目集治理结构包括定义角色，将每个角色分派给某个项目集职能，并授予每个角色决策权限。根据项目集的复杂性，项目集治理结构包括以下全部或多个角色。

项目集发起人：负责拥护组织资源在项目集的应用并确保项目集成功

的个人。项目集发起人经常是组织中一位有投资决策权的高级管理人员。项目集发起人亲自负责并确保项目集的成功，同时可能担任项目集治理委员会的主席。

项目集治理委员会：其成员负责授权和监管项目集。随着项目集的发展，这个治理机构确保项目集继续与企业战略方向保持一致。该委员会还负责定义和实施适当的治理系统和方法。项目集治理委员会成员通常是具有战略眼光、技术知识、职能职责、运营负责、负责组织项目组合管理，并能向重要利益相关方群体进行介绍的高管。在一些组织中，项目集治理委员会也被称为指导委员会。

项目集经理：负责管理和监管项目集与项目集治理职能的交互。项目集经理确保项目集目标与组织的总体战略目标保持一致。项目集经理负责制定和管理项目集，并确保按计划执行。

项目集团队成员：负责项目集各方面工作。他们或者对项目集战略或规划的定义做出贡献，或者监管和协调项目集所计划的一部分活动，包括组件和项目集运营管理活动。项目集团队成员包括负责子项目集的子项目集经理和负责项目集组件的项目经理。更复杂的项目集可能还包括项目集计划员、项目计划员、风险经理和项目集管理办公室经理。

项目经理：负责监管作为项目集组件的项目。项目经理最终负责交付项目章程和项目集计划中定义的项目输出。项目经理的活动包括有效的项目计划、执行和跟踪。

项目集计划员：负责更新项目集计划和进度计划（如用甘特图来规划和报告项目集进度）。这个角色可能存在于更复杂的项目集中。

项目计划员：负责更新项目计划和进度计划（如用甘特图来规划和报告项目进度）。这个角色可能存在于更复杂的项目中。

风险经理：负责预先识别潜在风险、分析风险，并采取预防措施降低和减轻风险。

项目集管理办公室经理：负责在项目集范畴内定义和维护项目管理标准。项目集管理办公室经理致力于在项目集的执行过程中进行标准化并引入重复经济。

以呼叫中心流程改进项目集为例，我们将创建一个如图 6-2 所示的项目集治理结构。该项目集治理结构定义了高管发起人、项目集治理委员会、风险经理和项目集管理办公室经理这些角色。

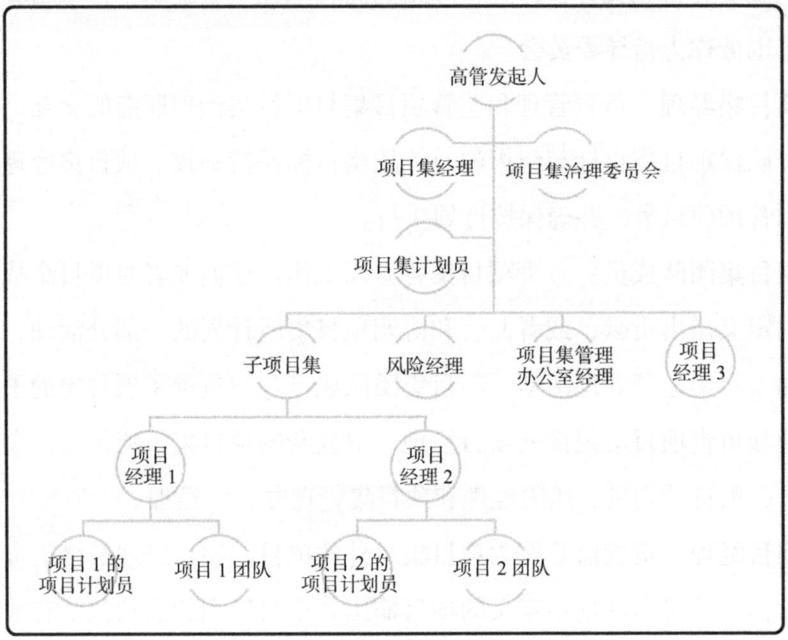

图 6-2　项目集治理结构

项目集治理的整合方法包含许多要素，主要要素以三个因素为中心：

- 设立并维护战略一致性。
- 评审进展。
- 做出影响项目集战略的决策。

有效的治理是项目集成功的关键。管理结构关系不清晰、角色定义模糊、人员角色指派错误、决策权重叠，都会妨碍项目集治理机构在关键决策上达成共识，并妨碍项目集取得持续的前进动力。

团队责任

在前一节中，我们定义了项目集治理结构中的各种角色，包括项目集发起人、项目集治理委员会成员、项目集经理、项目集团队成员、项目经理、项目集计划员、项目计划员、风险经理和项目集管理办公室经理。在本节中，我们将研究这些角色是如何作为一个项目集团队协同工作的，以及他们所履行的职责。

一个项目集团队可以分成三个主要职能区：确保战略一致性，项目集管理和项目集执行。项目集发起人和项目治理委员会成员确保项目集与组织战略相一致。项目集经理和项目集管理办公室管理项目集。项目集团队成员、项目经理、项目集计划员、项目计划员、风险经理执行项目集。并非所有项目集都配置所列的全部角色，也可能有些项目集会有额外的角色，因为角色和职责会随着组织的不同而变化。

这三个职能区中的每个都执行一组定义的职责来履行其在项目集内的职能。为了确保项目集战略与组织战略相一致，项目集发起人和项目集治理委员会成员履行以下职责：

- 提供战略指导。
- 确保所承诺的资源。
- 影响团队克服障碍。
- 监督执行和项目集状态。
- 确保有效的变更管理。

为了管理项目集，项目集经理与项目集管理办公室经理履行下列职责：

- 提供项目集监管。
- 建立治理结构。
- 交付状态报告。
- 指导项目经理。
- 解决问题和风险。
- 监管预算执行。

为了执行项目集，项目集团队成员、项目经理、项目集计划员、项目计划员和风险经理执行以下职责：

- 执行组件计划。
- 提供组件状态。
- 管理组件风险。
- 管理组件预算。

图 6-3 描绘了项目集团队的三个主要职能区，包括确保战略一致性、项目集管理和项目集执行。

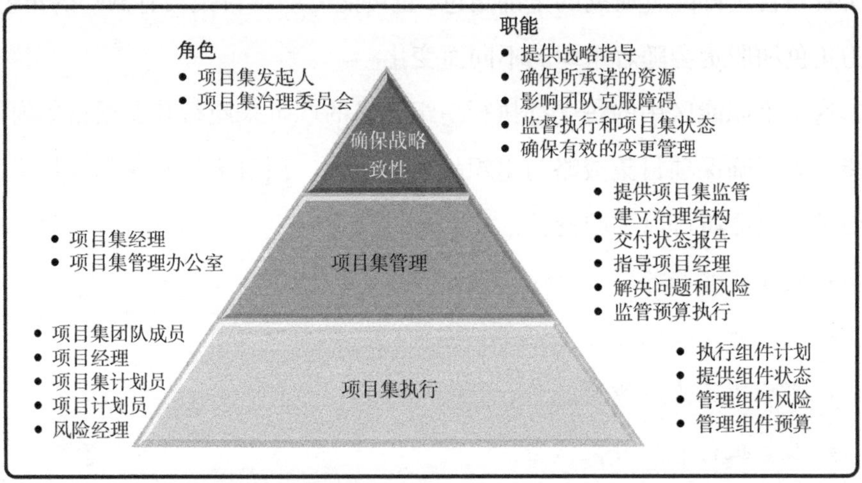

图 6-3 项目集团队包括三个主要职能区

建设、领导和解散项目集团队

项目集经理的主要职责之一是建设、领导和解散项目集团队。在检查项目集经理角色在建设、领导和解散项目集团队之前，重要的是讨论一下项目集经常运行于其中的矩阵组织结构。矩阵组织被定义为一个具有双重或多重管理负责和职责的组织，如前面在第 2 章中所定义的那样。

更详细的定义将矩阵组织描述为团队成员不直接向项目集经理汇报，并且不是仅关注项目集工作这样的组织。项目集经理在建立和领导项目集团队时所面临的两大挑战：一是双重报告结构；二是团队成员之间的冲突。

矩阵型组织形式是多样的，可以是项目经理拥有非常强的管理职位的组织形式，也可以是项目经理只起协调作用的组织形式。为了说明组织原则，首先考虑矩阵内项目经理与职能经理之间的权力平衡。但必须承认，某些权威人士所认为的理想情况下的这种平衡，在实践中可能很少发生。在平衡矩阵型组织中，组织内的各种人都有两个老板，如图 6-4 所示。

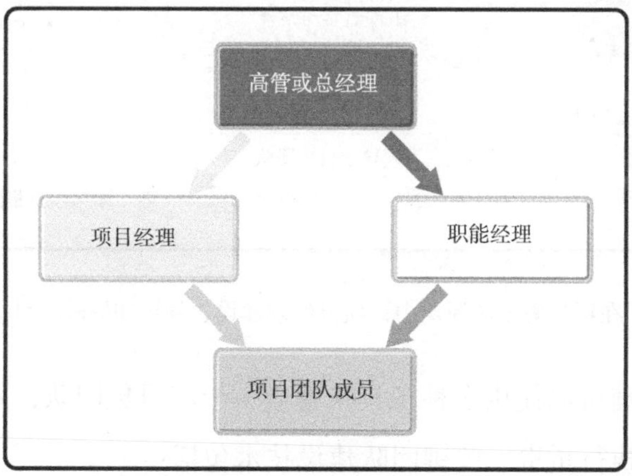

图 6-4　平衡矩阵型组织

矩阵型组织的定义隐含地认为项目是临时的，而职能部门是永久性的。虽然所有组织都是临时的，因为它们在不断地变化，矩阵被设计成临时的，而特定的组织结构只持续于项目的有限生命周期中。

矩阵组织可能对团队成员的项目集目标和部门目标之间施加各种利益冲突。例如，一个团队成员可能渴望提高业务技能而不是项目管理技能；然而，项目集工作需要获得项目管理技能。冲突的另一个例子是项目经理可能接收到对如何建立项目管理计划的不同指导，因为部门和项目集可能对项目管理计划结构和内容有不同要求。

在项目集生命周期中，项目集经理建设、领导和解散项目集团队。在项目集定义阶段，项目集经理开始在项目集生命周期的早期建设一个项目集团队。在项目集收益交付阶段，项目集经理领导该项目集团队。在项目集收尾阶段，项目集经理解散该项目集团队。图 6-5 显示了与项目集团队建立、领导、解散的相关活动。

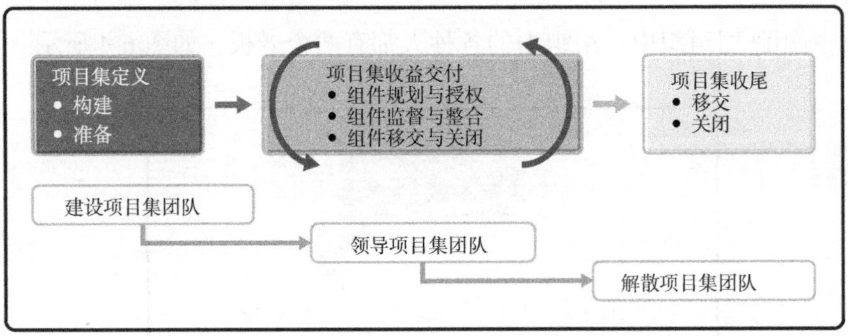

图 6-5 在项目集生命周期中，项目经理建设、领导和解散项目集团队

项目集经理可以使用多种工具来建立一个项目集团队，并让团队成员对任务的及时执行负责。关键团队建设技术包括：

- 引导关系建设。
- 确认成绩和里程碑的完成。

- 创造庆祝成功的方式。

项目集经理可以用来让团队成员对任务及时执行负责的关键工具之一是，与职能经理一起将项目集目标加入团队成员的绩效目标中。让项目集团队成员负责及时执行任务的其他技术包括：

- 与每个团队成员进行定期会议，讨论工作进展。
- 设定最终期限，建立可交付成果的时间线，并围绕交付成果执行制定指导方针。
- 协助团队成员学习和提升他们的专业知识。
- 协助团队成员在项目集范围内完成他们的专业目标。

团队建设的人性方面非常重要，这就是为什么一位成功的项目集经理需要与团队成员建立个人关系的原因。如果一个项目集团队是在同一个地点集中办公的，项目集经理应该在可能的情况下亲自召开会议，并在办公室建立与项目集团队成员交谈的惯例。

许多项目团队成员即使在政府部门工作，也不在同一地点办公。即使他们在同一地点办公，团队成员也广泛依赖虚拟沟通工具，而不是面对面的沟通交流。使用沟通和协作技术工具是常态，我们甚至没有解决专门为管理项目而设计的软件工具。

虚拟项目集管理增加了对建设和管理项目集团队的额外需求。项目集团队的建设和管理占用了项目集经理更多的时间。一个项目集经理可能面临虚拟团队的挑战：没有身体和社会存在感，以及额外的文化和语言障碍。虚拟团队的建设和管理很大程度上依赖技术的成功，需要项目集经理精通更多，并采用辅助项目集团队建设和管理技术。

在不同的项目阶段有效地使用适当的技术对于“全球项目团队”的成功至关重要，或者实际上团队成员都是虚拟协作的团队。在我领导一个在两个国家之间合作的项目团队的过程中，我发现需要根据当前项目阶段仔细地选择多种沟通技术，以便使全球项目团队能够有效地按计划合作。决定项目团队在每个项目阶段协作所使用的沟通技术，并学习如何最有效地使用这些沟通技术是项目成功的关键。

在虚拟项目集运行环境中，项目集经理可以使用补充技术来建立信任和激励项目集团队：

- 主持远程会议和视频会议。
- 有效地、定期地、每天电子邮件沟通和一周数次电话沟通。
- 在项目集定义阶段，尽早举行团队面谈会议。
- 拜访团队成员的办公地点。

第 7 章

项目集生命周期管理

本章定义了项目集生命周期绩效域，并概述了项目集生命周期中执行项目集的详细方法。项目集通过执行构成项目集生命周期的一组阶段来交付收益。项目集生命周期包括三个阶段：项目集定义、收益交付和项目集收尾。项目集定义阶段的目的是扩展商业论证和战略规划目标，并充分定义预期的项目集成果。收益交付阶段的目的是整合和管理项目集组件，以促进交付预期的项目集收益。项目集收尾阶段的目的是执行项目集的受控收尾。

本章包括以下部分：

- 项目集生命周期阶段。
- 项目集定义阶段。

- 项目集收益交付阶段。
- 项目集收尾阶段。

项目集生命周期阶段

项目集是通过实现商业价值和产生预期商业结果来交付利益的。项目集通过执行一组阶段来提供收益。这种方法被称为项目集生命周期，对此最初在第 1 章中有定义。项目集生命周期包括三个阶段：项目集定义、项目集收益交付和项目集收尾。三个阶段均包含子阶段。

项目集定义阶段包括两个子阶段：项目集构建和项目集准备。在项目集构建子阶段，发起人批准项目集资金并指派项目集经理。在项目集准备子阶段，项目集经理确定项目集组织、部署项目集团队，并开发项目集管理计划。

项目集收益交付阶段包括规划、管理和交付项目集组件。项目集交付阶段是项目集的迭代阶段。在这个阶段，项目集经理规划、整合和管理项目集组件，以促进交付预期的项目集收益。

项目集收尾阶段包括两个子阶段：移交和项目集关闭。在移交子阶段，项目集经理协调移交活动和收到关闭项目集的批准。在项目集关闭子阶段，项目经理执行一系列的收尾活动来正式关闭项目集。

关于项目集生命周期阶段和子阶段的细节如图 7-1 所示。

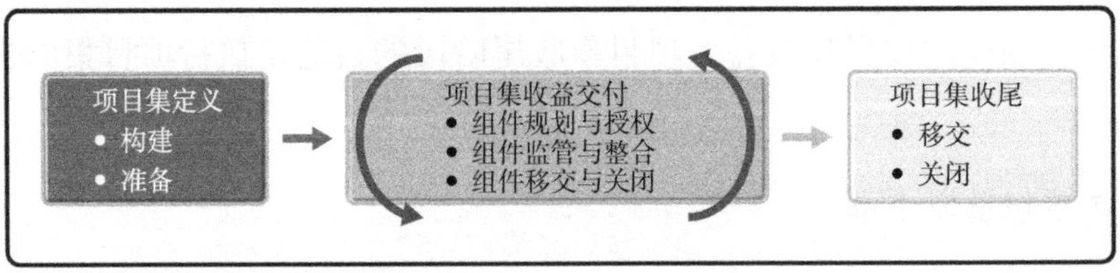

图 7-1　对项目集生命周期的阶段定义

项目集定义阶段

战略计划决定了项目集的必要性。一个项目集的出现要么是想交付收益，要么是想达到一个希望的新状态。解释项目集为何出现的例子包括推出新产品、改进流程和实现变革。在呼叫中心流程改进项目集这一示例中，该项目集是为了获得最高的呼叫响应质量和最快的呼叫响应时间。

在项目集正式启动之前，发起组织可以开展一些活动，包括定义范围、开发概念和初始需求，以及建立可接受的成本指南。这个预定义阶段的项目集交付成果可能包括范围、初始需求和成本指南文件。

项目集定义阶段是项目集生命周期的第一阶段。这一阶段的目的是扩展商业论证业务和战略规划目标，并充分定义预期的项目集结果。项目集定义阶段包括两个子阶段：项目集构建和项目集准备。在项目集构建子阶段，发起机构指定项目集发起人。项目集发起人履行两项主要职责：批准项目集资金和任命项目集经理。

在项目集构建子阶段，项目集经理和项目集发起人密切合作，确保产生如下的产出和可交付成果：

- 确保项目集资金。
- 定义项目集范围。
- 估算资源和成本。
- 制定初步的风险评估。
- 制定项目集章程和路线图。

在项目集章程获得批准后，项目集进入项目集准备子阶段。在这一子阶段，项目集经理确定项目集组织、部署项目集团队、开发项目集管理计划。项目集经理确认并产生如下可交付成果：

- 建立项目集治理结构。
- 部署项目集组织。

- 制定项目集收益管理策略。
- 制订项目集管理计划。

项目集管理计划是在整个项目集生命周期中指导项目集经理和项目集团队的关键文件。它使用多种信息资源，包括项目集章程、商业论证和组织战略计划。我们将在第 8 章详细讨论项目集管理计划。在项目集管理计划获得批准后，项目集开始收益交付阶段。

项目集收益交付阶段

收益交付阶段是项目集生命周期的第二阶段和迭代阶段。在这一阶段，项目集经理规划、整合和管理项目集组件，以促进交付预期的收益。项目集收益管理策略用于指导项目集执行，因为它使项目集与期望的业务结果保持一致。

项目集经理在收益交付阶段可能遇到的一个常见问题是预期业务目标和项目集输出之间出现的不一致问题。为了减轻这个问题，项目集经理可以使用一个帮助确保所有项目集组件与收益管理相一致的收益映射工具。

项目集经理领导、监管和支持项目集内子项目集和项目的成功执行。项目集经理运用项目集管理计划这一主要工具来确保交付项目集收益。

项目集规划有一个重要的不确定性因素，因为在项目集定义阶段，在初始开发项目集管理计划和路线图时，一整套项目集组件可能还不为人知。这就是说收益交付阶段是一个迭代阶段的原因。在这个阶段，项目集经理需要管理项目集组件，并在新的信息变得可用后，重新规划项目集组件。为了实现这个目标，项目集经理通过如下三个子阶段来迭代管理项目集组件：

- 组件规划与授权。
- 组件监管与整合。
- 组件移交与关闭。

组件规划与授权

在项目集定义阶段，工作范围包含不确定性并只包含关于项目集的有限信息。这就是为何在收益交付阶段，项目集经理确立工作范围并将新的信息整合到项目集组件规划中。当关于组件的新的信息变得可用及新事件需要重新规划时，项目集经理在收益交付阶段实施组件规划。

在组件规划与授权子阶段，项目集经理进行详细的组件规划，包括将组件完全整合到项目集中。通过这样做，项目集经理确立工作范围并识别可交付成果，完成这些可交付成果可能实现项目集目标和获得项目集收益。

组件规划在组件计划中进行，每个组件计划中的适当信息被整合到项目集管理计划中。在组件规划完成后，项目集经理在验证组件可正确支持项目集成果后批准其执行。

组件监管与整合

项目集组件不同时产生收益。有些组件可能立即产生收益，而其他组件可能需要整合后才能产生收益。每个组件的项目经理执行一个相关的组件管理计划，并向项目集经理提供状态、风险和其他相关信息，以便组件的工作可以整合到项目集活动中。

需要注意的是，没有整合工作就无法实现项目集的收益。单个组件可以生成它们的可交付成果。然而，只有通过整合工作，以协调的方式交付组件的可交付成果，才能实现项目集的收益。例如，在呼叫中心流程改进项目集示例中，两个组件项目——项目 1 提升呼叫响应质量，项目 2 缩短呼叫响应时间——都有其可交付成果。然而，只有在所有呼叫中心实现这两个项目的整合后，才能实现项目集收益。

组件移交与关闭

在项目集交付了预期收益后，它可以移交给另一个组织或关闭。移交给持续运营可确保项目集持续实现收益。移交的例子包括对新产品或服务的客户支持、变革管理支持和新产品支持。在呼叫中心流程改进项目集这一示例中，在所有呼叫中心都实施了这两个项目之后，需要移交给呼叫中心的运营团队，这种移交需要变革管理支持。

在收益交付阶段结束之前，对所有组件区域进行审查，以确认收益已交付并转移剩余的活动。在项目集收尾阶段之前，项目集发起人和项目集治理委员会一起审查项目集最终状态。

项目集收尾阶段

项目集收尾阶段是项目集生命周期的第三个阶段和最后一个阶段。此阶段的目的是执行项目集的受控关闭。该项目集或许因中途取消，或许因收益被交付后批准正常关闭。项目集可能因战略计划的改变或业绩不佳而被中途取消。项目集也可能在完成所有组件和交付所有收益后被关闭。

项目集收尾阶段包括两个子阶段——移交和关闭。在移交子阶段，项目集经理协调移交活动和接收关闭项目集的批准。在项目集移交之前，项目集经理和治理委员会一起决定该项目集是否交付了所有的收益，以及所有的移交工作是否都已经完成。在后一种情况下，需要有转移知识、资源和职责的工作。项目集经理收集经验教训，并保存所有与项目集相关的文档和工件。项目集历史信息将应用于未来项目集的规划和执行。

项目集经理收到批准以关闭项目集。在项目集关闭子阶段，项目集经理执行一系列的关闭活动以正式关闭项目集。

第 8 章

项目集管理基础设施

本章首先描述了项目集经理如何使用采购来交付项目集收益。本章探讨了项目集基础设施，包括有效地管理项目集所需的系统和工具，并描述了如何建立和维护一个项目集管理计划——一个确保项目集与组织战略、按时和按预算交付收益相一致的关键文件。本章分析了项目集监控和定期评估的工具，还定义了风险，并探讨了风险管理和升级机制。本章最后描述了项目集变更过程、质量控制过程和项目集沟通。本章可以作为一份桌面手册，因为它包含多个项目集管理工具和模板。

本章包括以下部分：

- 项目集采购规划和执行。
- 基础设施概况。
- 有效项目集执行的系统要求。
- 项目集管理计划。

- 项目集监督和定期评估。
- 项目集风险管理。
- 项目集变更控制流程。
- 质量控制流程。
- 项目集沟通。

项目集采购规划和执行

项目集经理用来交付项目集收益的众多工具之一是产品和服务的采购。项目集采购管理涉及获取产品和服务所必需的活动。项目集采购管理涉及管理整个项目集和组件需要所特有的特定采购需要。我们将使用呼叫中心的流程改进项目集作为示例。在收益交付阶段，发现项目 2，降低呼叫响应时间，需要增加额外的范围。额外的范围包括围绕不同呼叫类型的呼叫响应时间的研究。研究部门决定执行这项任务。在这种情况下，该项目集将从研究部门获得这一研究成果。

项目集采购包括在项目集生命周期的所有阶段所进行的一些活动。有些活动发生在项目集层面，有些发生在组件层面。采购流程包括：

- 项目集采购规划。它发生在项目集层面，并在项目集定义阶段进行。
- 项目集采购管理。它发生在组件层面，在项目集层面进行监管，并在项目集收益交付阶段进行。
- 项目集采购收尾。它发生在组件层面，在项目集层面进行监管，并在项目集收尾阶段进行。

项目集采购规划、管理和收尾

项目集采购规划

项目集采购规划是在项目集定义阶段在项目集层面上实施的。项目集经理评估每个组件和整个项目集的资源需求。项目集经理评估整个项目集范围内各种采购活动的共同性和差异性，并决定：

- 几个组件的某些共同需求是否可以通过一个整体采购而不是几个单独的采购行动来满足。
- 整个项目集的采购合同类型的最佳组合；对同一个项目集采购，在项目层面，特定类型的合同可能是更优化的。
- 整个项目集内最好的竞争方法；在某个领域的唯一来源合同的风险可以与项目集的其他领域的充分和公开竞争的不同风险相平衡。
- 整个项目集内平衡具体的外部监管要求的最好办法；例如，与其在项目集为每个合同留出一定比例以满足一个小的业务要求，不如用一个完整的合同来实现同样的要求。

在这个阶段，项目集经理分析替代方案。在收集了所有信息之后，项目集经理起草一份项日集采购计划。

项目集采购

采购是项目集的一个集中化功能，应该在项目集层面进行。项目集经理为组件设置采购标准。这些标准包括建议书评价标准、合格的卖方和买方清单及采购协议。项目集经理建立方案评价标准来评估建议书和报价邀请书(Request for Quotes, RFQ)，建议邀请书(Requests for Proposals, RFP)和投标邀请书（Invitations for Bid，IFB)。

项目集采购管理

采购管理始于合同授予并在组件级别上执行。合同管理和关闭是在组件级别进行的。组件确保合同交付物按时完成并符合既定的质量标准。组件项目经理向项目集经理报告状态。

项目集经理维护对项目集级别采购管理的监督，以确保项目集的收益在所要求的时间和预算内得以实现，并且在整个项目集内满足质量标准。

↘ 项目集采购收尾

合同关闭发生在项目集采购收尾阶段，并发生在组件级别。在完成所有合同交付成果后，组件项目经理关闭合同。在合同关闭的时候，组件项目经理确保所有交付成果都已完成、未遗留重大的合同问题、已支付所有款项。

项目集经理维护对项目集级别的采购收尾监督，以确保项目集的收益在所要求的时间和预算内得以实现，并且质量在整个项目集内得到满足。

基础设施概况

项目集基础设施提供了有效地管理项目集的系统和工具。项目集系统可用来管理项目集管理计划、跟踪项目集进展、分配任务资源给任务、分析工作量及管理预算。项目集工具包括状态报告、风险跟踪机制和财务工具。项目集经理可以通过使用系统和工具更快地执行项目集运作任务。因此，项目集基础设施使项目集经理能够领导项目集、交付战略目标，并成为一个值得信赖的顾问和主题专家。

项目集基础设施在组织间可能有很大差异，这取决于组织在项目集管理连续体中的运行情况。在项目导向型和项目集导向型的组织中，项目集管理的不同决定了对项目集基础设施的不同需要。由于项目集管理功能在以管理为中心和以引导为中心的组织中受限，所以项目集执行需要一个有限的项目集基础设施。随着组织沿着项目集管理连续体的方向移动，需要更复杂的项目集基础设施来支持。随着项目集管理功能在以整合为中心和以业务为中心的组织中扩展，项目集执行需要更复杂的项目集基础设施来支持。

项目集基础设施与项目基础设施既有相同之处，也有不同点。与项目相类似的是，项目集需要跟踪预算和实际成本、资源、变更、状态和风险。与项目不同的是，项目集需要在项目集级别对组件进行汇总。组织经常有以项目为中心的基础设施。然而，项目集经理需要有以项目集为中心的基础设施来优化项目集运作管理，并有足够的时间来领导项目集。以项目集为中心的基础设施缺失会引发多个领域的问题，包括预算和实际成本、偏差分析、资源管理、状态报告生成、问题和风险跟踪和升级。我们将在本章的后续章节中研究每个领域的影响。

项目集基础设施在整个项目集生命周期中支持项目集的执行。在定义阶段，利用系统和工具，项目集经理开发项目集管理计划、分配资源，并制定初步预算。在收益交付阶段，利用系统，项目集经理维护项目集管理计划，并跟踪项目集进度。在项目集管理计划中，项目集经理还监视资源的工作负载。通过使用各种程序工具，项目集经理跟踪和分析项目集开支、生成状态报告、跟踪风险。在项目集收尾阶段，通过应用项目集基础设施，项目集经理最终完成项目集管理计划、释放资源、完成最终的状态报告，并关闭风险。

有效项目集执行的系统要求

系统基础设施是项目集管理得以持续的关键元素。它通过项目集管理计划执行的自动化和一致性，使项目集经理通过显著提高效率和确保项目集执行的质量来领导项目集。

项目集系统支持应该包括一个汇总的项目计划，以便将项目信息汇总到项目集中。它可以是 Microsoft Project 软件、电子表格或数据库。系统应该有能力从多个项目汇总到项目集任务和里程碑。

将多个组件汇总到一个项目集中不仅包括添加或链接组件，还包括管理组件之间的相互依赖关系、管理项目集内的里程碑、管理项目集成本、升级组件风险，以及在项目集级别管理它们、协调和优先分配资源，并跟踪项目集运行管理任务。

项目管理软件可以帮助规划、组织和管理资源池，并开发资源估算。根据软件的复杂程度，它可以管理估算和规划、进度计划、成本控制和预算管理、资源分配、协作软件、沟通、决策、质量管理、文档或管理系统。今天，存在许多基于 PC 和浏览器的项目管理软件和合同管理软件解决方案，并几乎在每个组织中得到应用。

项目管理软件通常具有以下关键特性：

- 包括排列项目活动顺序的进度计划。
- 活动持续时间、开始日期和结束日期。
- 活动完成百分比。
- 对项目活动的资源分配。
- 项目关键路径。

通过使用项目管理软件，项目经理可以获得关于项目集和组件的下列信息：

- 任务完成的百分比。
- 完成任务所需的剩余时间（按天计）。
- 按时、提前或落后于进度计划的任务。
- 资源工作负载。
- 过度使用的和未充分利用的资源。

- 项目集和组件风险。
- 任务成本。

项目管理软件几乎总是包含用来跟踪任务执行、资源工作负载、成本，以及识别风险的各种报告。

项目管理软件可以是基于桌面的，也可以是基于 Web 的。桌面软件是在单个用户的计算机上运行的单用户应用程序。桌面软件只包含项目管理计划，没有支持状态报告和风险跟踪的功能。桌面软件在信息共享方面也有局限性，因为只能通过与其他用户交换文件来共享信息。

基于 Web 的软件是可以通过 Web 浏览器访问的多用户应用程序。基于 Web 的软件不仅包含项目管理计划，而且提供状态报告，并具有风险跟踪功能。基于 Web 的软件消除了桌面软件的信息共享限制。

目前有许多可用的项目管理系统，包括商用产品和自行开发的产品。Microsoft Project 是应用最广泛的桌面项目管理系统之一。Microsoft Project 是由微软开发和销售的一个项目管理软件程序，旨在帮助项目经理制订计划、分配资源、跟踪进度、管理预算和分析工作量。

Microsoft Office Project Server 是应用最广泛的基于 Web 的项目管理系统之一。Microsoft Office Project Server 是由微软公司开发的项目管理服务器解决方案。它以 Microsoft SharePoint 为基础，既支持以 Microsoft Project 作为客户端应用的接口，也支持通过 Web 浏览器连接到它的项目 Web 应用程序（Project Web App，PWA）组件。

正如前面提过的，许多组织都是以项目为中心而不是以项目集为中心的系统。以项目为中心的系统对项目集管理的主要限制之一是缺少将组件任务和里程碑汇总到项目集的机制，并缺少将组件的风险升级到项目集层面的机制。

有效管理项目集的系统要求包括以下功能：

- 管理组件之间的链接和相互依赖关系。
- 将组件管理计划汇总到项目集管理计划中。
- 协调和优先级排序各组件之间的资源。
- 管理项目集成本。
- 将组件状态报告合并到项目集程序状态报告。
- 将组件风险升级到项目集级别。
- 跟踪项目集运营管理任务。
- 制定允许跟踪任务执行、资源工作量、成本和风险的项目集报告。

业界领先的项目管理软件程序和项目管理服务器解决方案——Microsoft Project 和 Microsoft Office Project Server，都是以项目为中心的。这些软件和服务器解决方案的大部分功能都是为了管理项目而不是项目集。它们没有上面所描述的特定于项目集的功能。

在 Microsoft Project 中，可以使用如下两种方法中的一种来构建项目管理计划：

- 建立包括组件子计划在内的大型项目集管理计划。
- 建立独立的计划并使用 Microsoft Office 的“链接项目”功能链接它们。

第一个选项可以通过在 Microsoft Project 中创建一个大项目，并添加多个工作流来执行。该大项目成为一个项目集，而多个工作流成为组件。

Microsoft Project 允许通过链接多个项目来创建一个主项目。为了帮助保持一个大的项目更有条理性，你可以链接多个项目文件一起创建主项目/子项目安排（也称为外部依赖）。例如，一个建设主项目可能包含水暖、电气和木工工作。类似于 Microsoft Project，Microsoft Office Project Server 可通过创建一个主项目并将子项目和主项目相链接来把多个项目链接进主项目。

这两种方法都创建一个具有多个工作流的大型项目，并将多个项目连接到一个主项目中，但不能进行项目集管理计划所需的全部聚合。项目集经理可能遇到多个问题，包括缺乏跟踪跨职能任务、管理跨职能资源和将资源从一个组件转移到另一个组件的机制。

当将多个项目链接到一个主项目时，信息可能被复制而不是汇总。例如，如果链接使用相同资源的项目，则会创建重复的资源名，包括名称、费率和资源日历，这可能使人困惑。

项目集执行期间的系统使用

系统在整个项目集生命周期中使用。一个系统可以是 Microsoft Project、Microsoft Office Project Server、电子表格或数据库。

项目集定义阶段

在项目集定义阶段，项目集经理制订项目集管理计划。该计划包含组件和整个项目集的任务和里程碑。这是项目集管理计划的初始版本，因为项目集经理在项目集定义阶段尚未拥有关于项目集组件的完整信息。

项目集经理定义结构并设置跟踪组件和项目集状态的项目集状态报告。基于可用的工具，状态报告可以放在 Microsoft Office Project Server 上，该服务器具有内置的状态报告特性功能。状态报告也可以在 Microsoft Word 或 PowerPoint 中编写，并在某程序站点或共享驱动器上共享（如在 SharePoint 站点上）。

项目集经理定义并建立风险跟踪机制。基于可用的工具，可以在 Microsoft Office Project Server、Excel，或者在 SharePoint 站点上跟踪风险。Microsoft Office Project Server 和 SharePoint 站点都内置了允许跟踪风险的功能。

项目集经理识别或设置用于分析里程碑、任务进度、项目集和已完成风险、项目集预算等的报告。这些报告还将用于更新项目集管理治理委员会和项目集团队。

项目集收益交付阶段

在收益交付阶段，项目集经理通过执行项目集管理计划、准备状态报告、监控项目集报告和跟踪风险来领导项目集执行，确保其按时在预算内交付。系统在这个阶段起着至关重要的作用，因为它包含一些或全部的项目集文档，包括项目集管理计划、项目集报告、状态报告和风险。

这个阶段是项目集的一个迭代阶段。在这个阶段，项目集经理用组件信息更新项目集管理计划和预算。当项目集经理获取项目集资源时，他将资源分配给任务。各项目根据分配工作和资源费率制定预算。当资源被分配到任务和所分配工作被估算后，项目集就可将工作时间与费率相乘计算出成本。这个成本数据会滚动汇总到任务级别，进而到总体任务，最后到项目顶层。资源定义（人员、设备和材料）可以在使用共享资源池的项目之间共享。每个资源都有它的日历，它定义资源可用的天数和班次。资源率用于计算资源分配成本，资源分配成本在资源水平上进行滚动汇总。每个资源可以分配给多个计划中的多个任务，每个任务可以分配多个资源，应用程序安排任务工作进度时可以基于资源日历中定义的资源可用性进行。所有的资源都可以无限制地用标签定义。因此，它不能确定有多少成品可以用一定数量的原料生产。这使得 Microsoft Project 不适合解决现有物料限制生产的问题。管理一个复杂的生产实物货物的设施需要另外的软件。

项目集收尾阶段

在项目集收尾阶段，项目集经理确保项目集交付所有收益，项目集经理通过项目集管理计划，确定所有计划的收益和项目集的移交。项目集经理将项目集管理计划中的所有任务和里程碑标记为已完成状态，并运行项目集报告来就项目集执行的按时与按预算方面执行最终分析。项目集经理还生成最终状态报告并关闭所有风险。

项目集管理计划

项目集管理计划是一个关键的项目集文档。该计划在整个项目集期间加以使用，但是它在每个阶段都有不同的目的。项目集管理计划的主要目的是确保项目集与组织战略相一致。如前所述，一些组织没有贯彻执行战略计划，而使得这些计划并没有完全落实到项目集级别。在项目集定义阶段，为了确保项目集与组织战略一致，项目集管理计划应该使用战略计划作为输入文档。

有时，组织没有建立跟踪机制以确保按时在预算内交付项目集。在收益交付阶段，项目集经理应该建立机制以确保项目集的及时执行。机制应该包括允许及时跟踪任务执行、充分利用资源和在预算内进行交付的项目集报告。

当项目集完成时，一些组织没有充分地将通过项目集执行所实现的收益结合起来，并且未将组织日常运营与所实施的变革保持一致。在项目集关闭阶段，使用项目集管理计划，项目集经理要确保交付的项目集收益顺利地移交给日常运营。

可以使用基于活动的方法和基于资源的方法来构建项目集管理计划。用以资源为基础的方法建立项目集管理计划来分配资源到任务、估算基于任务持续时间的工作时长、计算项目集的成本如生产时间乘以资源率。这种方法的优点是它允许构建一整套项目集任务，并准确地估计它们的持续时间和成本。这种方法的缺点是构建任务列表并识别和分配资源均需要时间。例如，将资源添加到 Microsoft Project 中的计划可能是一项费时又费力的任务。这种方法的另一个缺点是，最初的项目集管理计划可能是不完整的，因为在项目集生命周期的早期可能无法知道完整的项目集组件。

基于活动的方法来构建项目集管理计划，其使用来自相类似的其他项目集或组件的任务、持续时间和成本。这些信息可以通过过去或行业最佳实践中执行的项目集获得。这种方法的优点是它允许提前获得任务、工期和成本信息，并且利用来自其他项目集或行业最佳实践的历史知识；这种方法允许在项目集生命周期早期，在当前项目集的一整套组件可能还未知时，创建一个相对来说更全面的项目集管理计划。这种方法的缺点是，它可能在任务、工期和成本上有差异，因为其他项目集或行业最佳实践可能与当前项目集不一样。

项目集成本可以用两种方法中的一种计算，即计算任务成本的资源小时费率和用于估算任务成本的历史信息。使用资源方法计算项目集成本包括使用以下步骤在项目集管理计划中添加资源：

- 单击视图选项卡。在资源视图组中，单击资源表。
- 在“资源名称”字段中键入工作、材料或一般资源名。
- 如果要指定资源组，则在资源名称的组字段中，键入组的名称。
- 指定资源类型：
    - 指定的资源是一种工作资源，在“类型”字段，单击“工作”。
    - 指定的资源是一种物质资源，在“类型”字段，单击“材料”。在“物料标签”字段中，键入该资源的标签（如码、吨或盒）。
    - 指定的资源是一种成本资源，在“类型”字段，点击“成本”。
- 在资源的最大单元字段中，键入此项目可用的该资源的总单位数。最大单位值指定可以为这个项目分配多少资源（例如，部分时间或多）。例如，如果你每周有两天可供项目使用的资源，则可以输入最大单位值为 40%。你可以使用最大单位与指定的资源名称相乘。例如，假设你有一个名为工程师的资源，该资源代表团队中的三名独立工程师。你可以输入工程师的最大单位为 300%。你可以一次安排三名工程师进行全职工作，而不增加工程师的资源。你输入的最大单位可以为百分比（例如，50%、100%、300%），也可以为一个小数（例如，0.5、1、3）。

- 创建预算资源，选择资源，右键单击资源名称，然后单击信息。选择预算复选框。

你可以添加工作资源与联系信息，使用管理应用编程接口信息（MAPI）的电子邮件地址簿，从活动目录或从 Microsoft Project Server 添加。单击“资源”选项卡，在“插入”组中，单击“添加资源”。从企业（项目专业人员）、Active Directory 或地址簿单击构建团队。

项目集管理计划结构应该包括跟踪成功的项目集收益执行所必需的所有参数，并有效地将项目集状态传达给项目集治理委员会和项目集团队。项目集管理计划可以包括项目集时间线、任务序号、工作分解结构（Work Breakdown Structure，WBS）、任务名称、任务完成百分比、任务持续时间、开始日期、完成日期、前导活动、资源、实际开始日期、实际结束日期和甘特图。

时间线列是按时间顺序显示事件列表的方式，有时被描述为项目工件。这是一个典型的用图形设计呈现出标有日期的长条和事件本身，通常事件在项目集管理将要发生的时点被标记。项目集时间线是获得项目集关键任务持续时间和里程碑日期的一个有用工具。它也是一种沟通工具，可以为项目集治理委员会和项目集团队提供状态更新。若要向时间线添加任务或里程碑，请右击任务并在下拉框中选择“添加到时间线”。

任务序号列是在最左边列出的从 1 开始的任务号码。通常，项目集管理计划很大，包括数百行。任务序号有助于快速找到某个任务，并用于列出当前任务的一个紧前活动。

工作分解结构列显示的是对由项目团队执行的工作范围的层次分解，由项目团队实现项目目标，并创造必要的交付成果。它是一个树形结构，这说明为了达到目标需要对工作进行细分（例如，项目集、项目和合同）。

任务名列显示了任务的名称。它是一个文本框，允许键入任何文本、调整字体和应用格式。任务可以是独立的任务、摘要任务或子任务。摘要任务的子任务里面有显示它们组合的信息。在“甘特图”视图中创建一个任务，选择你想变成子任务的那个任务，然后单击“任务>缩进”。

任务完成百分比列显示任务的部分或全部完成的百分比。基于任务完成百分比，Microsoft Project 和其他系统计算出迄今为止组件和项目集的完成百分比。它是对组件和整个项目集进度非常有用的度量。

持续时间列显示的是完成活动或工作分解结构组件所需要的工作时间的总数量，以小时、天或周表示。持续时间的计算是开始日期和结束日期之间的工作日天数之和。

开始日期列显示的是执行任务所计划开始的第一天。它被作为一个比较基准，通过与某个任务的实际开始日期相比。任务可以在计划开始日期之际、之前或之后开始。如果一个任务早于或迟于所计划的进度，就导致在开始日期与实际开始日期之间的偏差。

完成日期列显示任务执行完成时的最后一天。它用作比较实际完成日期的基线。任务可以按时完成、提前或晚于预定的完成日期。如果任务提前完成或晚于预定的完成日期，则会导致完成日期和实际完成日期之间的偏差。

紧前活动列显示在进度计划中一个活动的开始逻辑上要依赖于之前的活动。紧前活动列示当前任务开始前所必须完成的一个或多个任务。在

Microsoft Project 软件中，紧前活动被列示为以逗号分隔的任务序号。

资源列列出项目集或组件资源。资源大都是包含在项目计划中的人员，无论他们是否已被分配到任务级别。资源可分为三类：企业资源、非企业资源和一般资源。企业资源是整个组织的资源列表的一部分，因此，这类资源中的每个都可以跨多个项目共享。通常，企业资源列表由管理员管理，每个项目经理根据需要将这些资源添加到项目中。非企业资源或本地资源不是整个组织资源列表的一部分。其他项目经理不可以在他们的项目中使用你的项目所拥有的非企业资源。一般资源用于指定某项目的人员配置需求，如木匠和开发人员，或者资源团队。

实际开始日期列显示任务开始时的日期。如上所述，任务可能开始于、提前或晚于计划日期。比较实际和计划的任务开始日期的偏差允许确定任务是否在计划之前或之后开始。如果任务提前开始，项目集经理需要决定后续任务的提前开始。如果任务晚于计划开始，项目集经理需要准备一个减轻计划，以确保后续任务将按计划开始。

实际结束日期列显示任务结束时的日期。如上所述，任务可能结束于、提前或晚于计划日期。比较实际和计划的任务结束日期的偏差允许确定任务是否在计划之前或之后结束。如果任务提前结束，项目集经理需要决定后续任务的提前开始。如果任务晚于计划结束，项目集经理需要准备一个减轻计划，以确保后续任务将按计划开始。

甘特图是进度计划信息的条形图，活动在垂直轴上显示，日期在水平轴上显示，活动时长显示为根据开始和结束日期而形成的水平条形。甘特图显示所有项目集和组件的任务持续时间、里程碑和相互依赖关系。

项目集管理计划在组件级别制定并在项目集级别进行汇总。它包括组件和子项目集计划，以及项目集运营管理活动。在组件级别，项目集管理计划促进对项目集范围、成本、进度、资源和风险的管理。在项目集级别，项目集管理计划促进与组件的交互，以管理变更和减轻风险，并使组件保持对项目集所交付收益的一致性。

每个组件都有相关的组件管理计划。组件管理计划可以包括项目管理计划、移交计划、运营计划、维护计划或其他取决于所考虑的工作类型的计划。每个组件计划的适当信息被整合到项目集的相关计划中。这包括由项目集来帮助管理和监督整个项目集的信息。

项目集管理计划在项目集生命周期的每个阶段被不同地使用。项目集经理在项目集定义阶段构建该计划，在项目集收益交付阶段更新该计划，并在项目集收尾阶段关闭该计划。以呼叫中心流程改进项目集为例，我们将说明项目集管理计划在项目集生命周期中的演变。上面所述的所有定义将在下一节中提出的项目集管理计划图中用图形加以说明。

项目集定义阶段

在项目集定义阶段的项目集准备子阶段，项目集经理制订项目集管理计划。制订该计划的输入文件包括战略计划、商业论证、项目集章程、项目集商业论证、项目集路线图、环境分析，以及来自项目集定义阶段的制定子阶段的其他输出。该计划可能包括为实现所期望的组织收益所需的组件管理计划。在项目集定义阶段，并非所有组件的信息都可以知道，组件的管理计划最初可能包括一些但不是全部的信息。

我们将使用呼叫中心流程改进项目集来举例。该项目集包括四个组件：包括项目 1 和项目 2 的子项目集 1、项目 3、项目集运行管理。该项目集定于 2016 年 10 月 3 日开始，2017 年 9 月 29 日结束。

- 子项目集 1 包括项目 1 和项目 2。两个项目相继执行。子项目集 1 计划于 2016 年 10 月 3 日开始项目 1。子项目集 1 计划于 2017 年 3 月 31 日结束，并完成项目 2：

- 项目 1：提升呼叫响应质量有三个月的交付时间。计划于 2016 年 10 月 3 日开始，2016 年 12 月 30 日结束。它有多种资源，即项目经理 1 和项目团队 1。
- 项目 2：降低呼叫响应时间有三个月的交付时间。计划于 2017 年 1 月 2 日开始，2017 年 3 月 31 日结束。它有多种资源，即项目经理 2 和项目团队 2。

- 项目 3：实施项目 1 和项目 2 为期 6 个月。计划于 2017 年 4 月 3 日开始，2017 年 9 月 29 日结束。它有多种资源，即项目经理 3、项目团队 3、呼叫中心总监。
- 在整个项目集生命周期中，项目集运营管理的持续时间为 12 个月。计划于 2016 年 10 月 3 日开始，2017 年 9 月 29 日结束。它有一个资源，即项目集经理。

如果我们使用制订大型项目集管理计划的方法，其中的子项目集和项目称为子计划，初始的项目集管理计划将有如图 8-1 所示的结构。项目集管理计划最上面部分所表示的是项目集时间线。该计划包括以下列，在前一节中给出了描述：任务序号、WBS、任务名、完成百分比、持续时间、开始日期、结束日期、紧前任务和资源。

任务可以手动或自动排定进度。手动排定进度的任务具有用户定义的开始时间、结束时间和持续时长。项目永远不会自动更改其日期，但如果输入值有潜在问题，可能发出警告您。自动排定进度的任务具有基于依赖关系、制约因素、日历和其他因素的 Microsoft Project 计算出来的开始时间、结束时间和任务持续时间决定。

甘特图

	WBS	任务名称	工作完成%	历时	开始日期	结束日期	紧前任务	资源名称	增加新列
1	**1**	◢呼叫中心流程改进项目集	**0%**	260 天	2016年10月3日星期一	2017年9月29日星期一			
2	**1.1**	◢子项目集 1	**0%**	130 天	2016年10月3日星期一	2019年3月31日星期一			
3	**1.1.1**	◢项目 1：提升呼叫响应质量	**0%**	65 天	2016年10月3日星期一	2017年12月30日星期一			
4	**1.1.1.1**	▹项目 1 定义阶段	**0%**	15 天	2016年10月3日星期一	2017年12月21日星期一		项目经理 1，项目团队 1	
8	**1.1.1.2**	▹项目 1 收益交付阶段	**0%**	30 天	2016年10月24日星期一	2017年12月2日星期一	4	项目经理 1，项目团队 1	
13	**1.1.1.3**	▹项目 1 收尾阶段	**0%**	20 天	2016年12月5日星期一	2017年12月30日星期一	8	项目经理 1，项目团队 1	
15	**1.1.2**	◢项目 2：缩短呼叫响应时间	**0%**	65 天	2017年1月2日星期一	2017年3月31日星期一			
16	**1.1.2.1**	▹项目 2 定义阶段	**0%**	14 天	2017年1月2日星期一	2017年1月19日星期一		项目经理 2，项目团队 2	
20	**1.1.2.2**	▹项目 2 收益交付阶段	**0%**	27 天	2017年1月23日星期一	2017年2月28日星期一	16	项目经理 2，项目团队 2	
25	**1.1.2.3**	▹项目 3 收尾阶段	**0%**	23 天	2017年3月1日星期一	2017年3月31日星期一	20	项目经理 2，项目团队 2	
27	**1.2**	◢项目 3 实施项目 1 和项目 2	**0%**	130 天	2017年4月3日星期一	2017年9月29日星期一	15.3		
28	**1.2.1**	▹项目 3 定义阶段	**0%**	20 天	2017年4月3日星期一	2017年4月28日星期一		项目经理 3，呼叫中心总监，项目团队 3	
32	**1.2.2**	▹项目 3 收益交付阶段	**0%**	89 天	2017年5月1日星期一	2017年8月31日星期一	28	项目经理 3，呼叫中心总监，项目团队 3	
37	**1.2.3**	▹项目 3 收尾阶段	**0%**	21 天	2017年9月1日星期五	2017年9月29日星期五	32	项目经理 3，呼叫中心总监，项目团队 3	
39	**1.3**	◢项目集运营管理	**0%**	260 天	2017年10月3日星期一	2017年9月29日星期五			
40	**1.3.1**	▹项目集运营管理定义阶段	**0%**	21 天	2017年10月3日星期一	2016年10月31日星期一		项目集经理	
44	**1.3.2**	▹项目集运营管理收益交付阶段	**0%**	199 天	2017年11月1日星期二	2017年8月4日星期五	40	项目集经理	
49	**1.3.3**	▹项目集运营管理收尾阶段	**0%**	40 天	2017年8月7日星期一	2017年9月29日星期五	44	项目集经理	

图 8-1 在项目集定义阶段基于大型项目构建的项目集管理计划

基准是工作产品已获得的批准版本，可以通过正式的变更控制程序改变，并作为与实际结果进行比较的基础。基准在测量项目集的绩效方面起着重要的作用。在项目集收益交付阶段，项目集经理计算进度和成本差异，比较基准与实际进度和实际成本，并确定项目集是否按计划和预算进行。各种类型的项目集管理软件允许设置基准。在 Microsoft Project 中，如果要设置基准，项目集经理需要单击“项目”>“设置基准”>“设置基准”。

项目关键路径是表示项目的各种活动顺序中最长的路径，它确定一个项目的最短可能工期。关键路径允许计算执行项目的最短的、绝对需要的时间。在 Microsoft Project 中，在所有任务中计算组件和项目集关键路径，项目集经理需要单击“视图”>“更多视图”>“详细甘特图”>“应用”。如果只查看关键任务，项目集经理需要在筛选器列表中单击“视图”>“甘特图”>“关键路径”。在默认情况下，筛选器列表显示所有任务。

与项目一样，项目集也有关键路径，它通过组件关键路径来实现。项目集关键路径可识别关键组件，执行这些组件对项目集成功至关重要。如果项目集由于某个组件执行的实际时间比计划时间长或因资源约束而被延误，项目集经理需要将资源从非关键组件调剂至该关键组件。

项目集关键路径可以作为实施检查表，因为它列出了所有的关键任务，这些关键任务如果没有完成，则项目集不可能执行完成。实施检查表定义了在特定环境下成功实现最终状态的步骤。该执行检查表也可称为项目集准备度检查表。

该应用程序可创建关键路径进度计划、关键链和事件链方法，第三方插件也可用。进度计划可以对资源进行分级，并在甘特图中显示该链。此外，Microsoft Project 可以识别不同类别的用户。这些不同类别的用户可以有不同的对项目的访问级别、视图和其他数据。自定义对象，如日历、视图、表格、筛选器和字段，存储在全球型企业，供所有用户共享。

图 8-1 所示的呼叫中心项目集管理计划是使用大项目集管理计划方法构建的，其中计划的组成部分被列为大项目集管理计划的子项目。在 Microsoft Project 中，还可以通过在单独的 Microsoft Project 文件中创建组件管理计划，并将它们与项目集管理计划相联系，从而建立项目集管理计划。

组件管理计划一旦建立，项目集经理就需要将它们存储在同一文件夹或共享目录中，如 SharePoint 站点。这一步对于 Microsoft Project 将项目计划功能与工作相链接必不可少。项目集经理使用 Microsoft Project 链接计划功能将组件管理计划合并到一个项目集管理计划中，可按照以下步骤：

- 为每个组件创建单独的项目文件，然后打开或创建希望成为主项目的项目文件。
- 在主项目中，单击“视图”>“甘特图”。
- 在“任务名称”域中，单击下面要插入子项目的行。
- 单击“项目”>“子项目”。
- 单击项目功能区选项卡显示插入子命令。
- 在“插入项目”框中，选择要插入的子项目；
  - 插入多个子项目，按住 Ctrl 键并按照你想插入的顺序单击子项目。
  - 在大多数情况下，你会想离开该链接到项目选择框，以便子项目的变化体现在主项目中，反之亦然。但如果你只是想复制子项目到主项目而文件没被动态链接，取消勾选。
  - 如果想要以只读格式插入项目，请单击“插入”按钮上的箭头，然后单击“只插入只读”。插入一个只读项目可创建两个项目之间的联系，但你无法从主项目中更新子项目。但是，如果你直接更新子项目文件，它的变化将体现在主项目中。插入只读选项仅可在链接到项目检查时才可用。

为了说明如何使用 Microsoft Project 链接计划功能构建项目集计划，我们将使用呼叫中心流程改进项目集作为示例。该项目集包括三个主要组件，即包括项目 1 和项目 2 的子项目集 1、项目 3 及项目集运营管理。我们将为每个组件构建单独的组件管理计划，并将文件存储在同一目录、文件夹或共享驱动器中。然后，我们将创建项目集计划文件。使用链接的计划功能，我们会将所有组件的管理计划集成为一个项目集计划，如图 8-2 所示。

		任务模式	任务名称	历时	开始时间	结束日期
1			▷ 子项目集 1：项目 1 和项目 2	130 天?	2016 年 10 月 3 日星期一	2017 年 3 月 31 日星期五
2			▷ 项目 3：实施项目 1 和项目 2	130 天	2017 年 4 月 3 日星期一	2017 年 9 月 29 日星期五
3			▷ 项目集运营管理	260 天?	2016 年 3 月 16 日星期一	2017 年 9 月 29 日星期五

图 8-2 项目集管理计划可以通过链接组件管理计划来构建

该项目集管理计划包括以下列：任务序号、指示器、任务模式、任务名称、历时、开始日期和结束日期。指示器列显示组件管理计划与项目集管理计划相关联。任务模式列显示任务是手动调整进度还是自动调整进度。

手动调整进度的任务具有用户定义的起始日期、结束日期和持续时长值。手动调整进度的任务在任务模式列中由绿色针形符号记录。手动调整进度的任务的持续时长设置为文本值，例如，今天或明天。在甘特图中无法可视化手动调整进度的任务。自动调整进度的任务具有基于依赖关系、制约因素、日历和其他因素的 Microsoft Project 计算出的开始日期、结束日期和历时值。自动调整进度的任务由任务模式列的蓝条说明，如图 8-2 所示。自动调整进度的任务历时设置为一个数字值，如 130 天。自动调整进度的任务在甘特图中可视。

组件管理计划一旦与项目集管理计划相关联后，组件管理计划的更新将在链接的项目集管理计划中自动处理。要查看组件管理计划，通过单击任务名称的开始处的箭头来展开每个计划。

项目集收益交付阶段

如前所述，项目集规划具有显著的不确定性因素。当项目集管理计划最初制订时，在项目集定义阶段并不知道完整的项目集组件信息。这就是项目集管理计划的制订是一个迭代活动的原因。

在项目集收益交付阶段，项目集经理需要管理项目集组件，并在新的信息变得可用时，重新规划项目集组件及其整合。如果需要，项目集经理可以改变项目集方向。为了实现这个目标，项目集经理通过如下三个阶段对项目集组件进行迭代管理：

- 组件规划与授权。
- 组件监管与整合。
- 组件移交与关闭。

↘ 组件规划与授权

组件规划贯穿项目集收益交付阶段，需要响应大量的重新规划的事件或新组件的启动申请。组件规划包括将组件整合到项目集的活动中，为每个组件对项目集成功进行定位以便成功执行。这些活动包括确定每个组件所必须实现的工作范围，以及识别满足项目集目标和收益的可交付成果。

组件的规划和授权子阶段期间，以下活动可能在项目集管理计划中执行：

- 针对新组件的启动请求，更新新任务的计划。
- 响应重新规划而更新现有任务。
- 将组件整合到项目集管理计划中，包括确定、统一和协调项目集管理计划中的活动，以及在相互竞争的目标之间进行权衡和管理知识领域之间的相互依赖关系。
- 制定项目集管理计划基准并计算项目集关键路径。

为了说明如何使用新任务来更新计划，我们将使用呼叫中心流程改进项目集进行示例。在第四季度中，发现项目 2 缩短呼叫响应时间，需要一个额外的范围。额外的范围包括围绕不同呼叫类型的呼叫响应时间的研究。项目 2 的计划被更新以包括围绕不同呼叫类型的呼叫响应时间进行研究的新任务。研究部门决定执行这项任务。新的任务如图 8-3 中的第 21 行所示，它在下一节介绍。

↘ 组件监管与整合

在项目集里，一些组件立即产生收益，而其他组件需要集成后才能实现相关的收益。例如，在呼叫中心流程改进项目集里，子项目集 1 包括项目 1 提升呼叫响应质量和项目 2 缩短呼叫响应时间，子项目集 1 立即产生收益。项目 3 实施项目 1 和项目 2，需要在所有呼叫中心进行整合和实施后才能实现相关收益。

组件监管与整合子阶段期间，以下活动可能在项目管理计划中执行：

- 以实际开始日期和结束日期更新项目集管理计划，以跟踪任务何时真正开始和完成。
- 将实际的开始日期和结束日期与计划的开始日期和结束日期进行比较，以确定开始和完成比计划晚的任务。
- 通过计算任务的完成部分和完成百分比来跟踪项目集和组件进度。
- 跟踪里程碑完成情况。
- 为项目管理计划重新设立基准，Microsoft Project 最多允许设置 11 条基准。
- 计算项目集和组件关键路径。
- 使用项目集管理计划和项目集时间线确定项目集范围内的冲突和相互依赖关系。
- 提供项目集和组件状态更新。
- 监视收益交付进展。

在项目集收益交付阶段，所有组件信息都已被知晓。在组件规划与授权子阶段期间，项目集管理计划依据所有组件的信息而更新。在组件监管与整合子阶段，项目集管理计划被用来跟踪任务的部分或全部完成百分比，如图 8-3 所示。

	WBS	To	任务名称	工作完成	历时	开始	结束	紧前任务	资源名称	实际开始	实际结束
1	1		◢ 呼叫中心流程改进项目集	10%	260 天?	2016年10月3日星期一	2017年9月29日星期五			2016年1月1日星期五	NA
2	1.1		◢ 子项目集 1	41%	130 天?	2016年10月3日星期一	2019年3月31日星期五			2016年4月1日星期五	NA
3	1.1.1		◢ 项目 1：提升呼叫响应质量	100%	65 天?	2016年10月3日星期一	2017年12月30日星期五			2016年10月3日星期一	2016年12月30日星期五
4	1.1.1.1		▷ 项目 1 定义阶段	100%	15 天?	2016年10月3日星期一	2017年10月21日星期五		项目经理 1，项目团队 1	2016年10月3日星期一	2016年10月21日星期五
8	1.1.1.2		▷ 项目 1 收益交付阶段	100%	30 天?	2016年10月24日星期一	2017年12月2日星期五	4	项目经理 1，项目团队 1	2016年10月24日星期一	2016年12月2日星期五
13	1.1.1.3		▷ 项目 1 收尾阶段	100%	20 天?	2016年12月5日星期一	2017年12月30日星期五	8	项目经理 1，项目团队 1	2016年12月5日星期一	2016年12月30日星期五
15	1.1.2		◢ 项目 2：缩短呼叫响应时间	12%	65 天?	2017年1月2日星期一	2017年3月31日星期五			2017年1月4日星期五	NA
16	1.1.2.1		▷ 项目 2 定义阶段	100%	14 天	2017年1月2日星期一	2017年1月19日星期四		项目经理 2，项目团队 2	2017年1月2日星期一	2017年1月19日星期四
20	1.1.2.2		◢ 项目 2 收益交付阶段	0%	27 天?	2017年1月23日星期一	2017年2月28日星期二	16	项目经理 2，项目团队 2	NA	NA
21	1.1.2.2.1		研究不同呼叫类型的呼叫响应	0%	15 天				研究部门	NA	NA
22	1.1.2.2.2		评审当前流程	0%	1 天			21	项目团队 2	NA	NA
23	1.1.2.2.3		识别差距	0%	5 天			22	项目团队 2	NA	NA
24	1.1.2.2.4		开发未来工作流	0%	5 天			23	项目团队 2	NA	NA
25	1.1.2.2.5		评审未来工作流并获得批准	0%	1 天			24	项目团队 2	NA	NA
26	1.1.2.2.6		里程碑：未来工作流完成	0%	0 天			25	项目团队 2	NA	NA
27	1.1.2.3		▷ 项目 3 收尾阶段	0%	23 天	2017年3月1日星期一	2017年3月31日星期五	20	项目经理 2，项目团队 2	NA	NA
29	1.2		◢ 项目 3 实施项目 1 和项目 2	0%	130 天	2017年4月3日星期一	2017年9月29日星期五	15.3		NA	NA
30	1.2.1		▷ 项目 3 定义阶段	0%	20 天	2017年4月3日星期一	2017年4月28日星期五		项目经理 3，呼叫中心总监，项目团队 3	NA	NA
34	1.2.2		▷ 项目 3 收益交付阶段	0%	89 天	2017年5月1日星期一	2017年8月31日星期四	30	项目经理 3，呼叫中心总监，项目团队 3	NA	NA
39	1.2.3		▷ 项目 3 收尾阶段	0%	21 天	2017年9月1日星期五	2017年9月29日星期五	34	项目经理 3，呼叫中心总监，项目团队 3	NA	NA
41	1.3		◢ 项目集运营管理	0%	260 天?	2017年10月3日星期一	2017年9月29日星期五			NA	NA
42	1.3.1		▷ 项目集运营管理定义阶段	0%	21 天?	2017年10月3日星期一	2016年10月31日星期一		项目集经理	NA	NA
46	1.3.2		▷ 项目集运营管理收益交付阶段	0%	199 天?	2017年11月1日星期二	2017年4月17日星期五	42	项目集经理	NA	NA
51	1.3.3		▷ 项目集运营管理收尾阶段	0%	40 天?	2017年8月7日星期一	2017年9月29日星期五	46	项目集经理	NA	NA

进度在完成日期的 0.5%以内　　进度在完成日期的 2.5%以内

进度在完成日期的 1.5%以内　　进度在完成日期的 3.5%以内

图 8-3　项目集管理计划在收益交付阶段定期更新

在项目集收益交付阶段组件规划与授权子阶段及组件监管与整合子阶段，项目集管理计划可能包括以下列：

- 文本列使用笑脸图像显示组件的任务状态指示器：
  - 绿色笑脸—表示进度在计划完成日期 0.5%内。
  - 蓝色笑脸—表示进度在计划完成日期 1.5%内。
  - 黄色笑脸—表示进度在计划完成日期 2.5%内。
  - 红色笑脸—表示进度在计划完成日期 3.5%内。
- 实际开始日期列显示每个任务的实际开始日期。
- 实际完成日期列显示每个任务的实际完成日期。
- 任务序号、任务名称、完成百分比、开始日期和结束日期、紧前任务、资源列和甘特图，在前一节中进行了描述。

在组件监管与整合子阶段，项目集经理跟踪组件任务的部分或全部完成，在项目集管理计划内利用多个工具：

- 计算任务的部分和全部完成百分比。
- 利用状态指示器显示跟踪任务状态（绿色、蓝色、黄色和红色笑脸）。
- 通过比较实际的开始日期和计划的开始日期来计算偏差，并确定实际的开始日期是否提前、准时或在预定的开始日期之后。
- 通过将实际完成日期与计划完成日期进行比较来计算偏差，并确定实际完成是否提前、按时或在预定完成日期之后。
- 审查项目集时间线，找出落后于计划的任务。
- 使用报告及时跟踪收益交付，将在下一节中详细讨论。

组件移交与关闭

项目集组件成功交付其产品、服务或成果后，它们可能被关闭或转移到另一个组织后再被关闭。移交解决的是持续活动的需要，如产品支持、服务管理、变更管理、用户管理或客户支持，项目集组件的业务支持功能确保持续收益的实现。在呼叫中心流程改进项目集里，经过项目 1 和项目 2 在所有呼叫中心完成实施，它们成为日常运营的一部分。此时，呼叫中心流程改进项目集和组件任务应该被关闭。

在组件移交与关闭子阶段期间，以下活动可能在项目集管理计划中实施，如图 8-4 所示：

- 检查所有组件以确认收益已交付。
- 移交组件活动。
- 将所有项目集和组件任务在完成百分比这一列进行标记。
- 使用项目集时间线和项目集报告创建最终的项目集状态报告。

在项目集收益交付阶段组件移交与关闭子阶段，项目集管理计划标记所有任务 100%完成。项目集经理分析组件的实际开始和完成日期，并将它们与计划的开始和完成日期进行比较，以确定开始和完成比计划晚的任务。项目集经理还制定报告以与项目集治理委员会共同进行审查，并收到项目集关闭的批准。

项目集收尾阶段

在项目集收尾阶段，项目集经理将所有项目集任务标记为 100%完成。项目集经理分析项目集的实际开始和完成日期，将它们与计划的开始和完成日期进行比较，以确定开始和完成比计划晚的任务，并制定一系列项目集报告。项目集管理计划及与其他项目集相关的工件，被移交给持续运营部门。

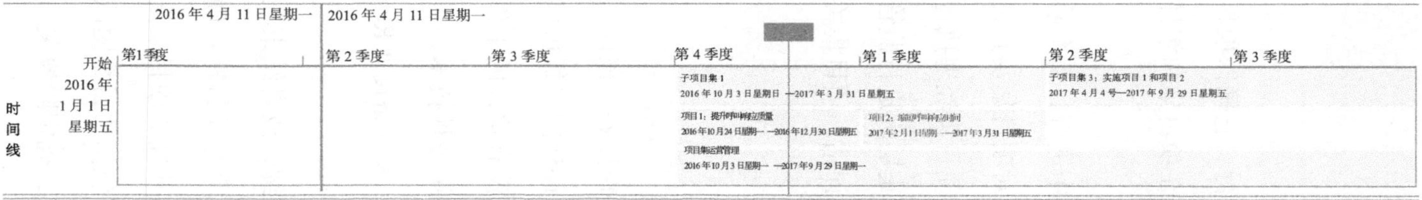

甘特图

	WBS	任务名称	工作完成	历时	开始日期	结束日期	紧前任务	资源名称	实际开始	实际结束
1	1	◢呼叫中心流程改进项目集	100%	260 天	2016年10月3日星期一	2017年9月29日星期一			2016年1月1日星期五	2017年9月29日星期五
2	1.1	◢子项目集 1	100%	130 天	2016年10月3日星期一	2019年3月31日星期一			2016年1月4日星期一	2017年3月31日星期五
3	1.1.1	◢项目 1：提升呼叫响应质量	100%	65 天	2016年10月3日星期一	2017年12月30日星期一			2016年1月4日星期一	2016年12月30日星期五
4	1.1.1.1	▷项目 1 定义阶段	100%	15 天	2016年10月3日星期一	2017年12月21日星期一		项目经理 1，项目团队 1	2016年1月4日星期一	2016年10月21日星期五
8	1.1.1.2	▷项目 1 收益交付阶段	100%	30 天	2016年10月24日星期一	2017年12月2日星期一	4	项目经理 1，项目团队 1	2016年1月25日星期一	2016年12月2日星期五
13	1.1.1.3	▷项目 1 收尾阶段	100%	20 天	2016年12月5日星期一	2017年12月30日星期一	8	项目经理 1，项目团队 1	2016年3月7日星期一	2016年12月30日星期五
15	1.1.2	◢项目 2：缩短呼叫响应时间	100%	65 天	2017年1月2日星期一	2017年3月31日星期一			2016年4月1日星期五	2017年3月31日星期五
16	1.1.2.1	▷项目 2 定义阶段	100%	14 天	2017年1月2日星期一	2017年1月19日星期一		项目经理 2，项目团队 2	2016年4月1日星期五	2017年1月19日星期四
20	1.1.2.2	▷项目 2 收益交付阶段	100%	27 天	2017年1月23日星期一	2017年2月28日星期一	16	项目经理 2，项目团队 2	2016年4月25日星期一	2017年2月28日星期四
25	1.1.2.3	▷项目 3 收尾阶段	100%	23 天	2017年3月1日星期一	2017年3月31日星期一	20	项目经理 2，项目团队 2	2016年5月30日星期一	2017年3月31日星期五
27	1.2	◢项目 3 实施项目 1 和项目 2	100%	130 天	2017年4月3日星期一	2017年9月29日星期一	15.3		2016年7月1日星期五	2017年9月29日星期五
28	1.2.1	▷项目 3 定义阶段	100%	20 天	2017年4月3日星期一	2017年4月28日星期一		项目经理 3，呼叫中心总监，项目团队 3	2016年7月1日星期五	2017年4月28日星期五
32	1.2.2	▷项目 3 收益交付阶段	100%	89 天	2017年5月1日星期一	2017年8月31日星期一	28	项目经理 3，呼叫中心总监，项目团队 3	2016年8月1日星期一	2017年8月31日星期四
37	1.2.3	▷项目 3 收尾阶段	100%	21 天	2017年9月1日星期五	2017年9月29日星期五	32	项目经理 3，呼叫中心总监，项目团队 3	2016年12月1日星期四	2017年9月29日星期五
39	1.3	◢项目集运营管理	100%	260 天?	2017年10月3日星期一	2017年9月29日星期五			2016年1月1日星期五	2017年9月29日星期五
40	1.3.1	▷项目集运营管理定义阶段	100%	21 天	2017年10月3日星期一	2016年10月31日星期一		项目集经理	2016年1月1日星期五	2016年10月31日星期一
44	1.3.2	▷项目集运营管理收益交付阶段	100%	199 天	2017年11月1日星期二	2017年8月4日星期五	40	项目集经理	2016年2月1日星期一	2017年8月4日星期五
49	1.3.3	▷项目集运营管理收尾阶段	100%	40 天	2017年8月7日星期一	2017年9月29日星期五	44	项目集经理	2016年1月1日星期五	2017年9月29日星期五

图 8-4　项目集管理计划在项目集收尾阶段完成并关闭

项目集监督和定期评估

项目集监督和定期评估确保项目集得以成功执行。它确保项目集按时在预算内交付所有的收益。项目集监督和定期评估在项目集和组件这两个层级上开展。

项目集监督和定期评估在整个项目集生命周期中进行，每个阶段执行不同的步骤。在项目集定义阶段，项目集经理计划对项目集及其组件进行项目集监督和定期评估。在项目集收益交付阶段，项目集经理执行项目集监督和定期评估。执行发生在组件层级，并在项目集层级进行监管。在项目集收尾阶段，项目集经理关闭项目集监督和定期评估。项目集关闭发生在组件层级，并在项目集层级进行监管。

项目集定义阶段

在项目集定义阶段，项目集经理制订项目集监督计划。该计划定义了如何监督和评估项目集的执行情况。项目集监督和评估的目标可以包括确保项目集按时交付所有的收益、按时按预算执行、没有重复的工作、没有工作的缺口、资源按计划使用。项目集监督可以利用各种技术，包括阶段关口审查、项目集审计、项目集深潜（Deep Dive）和准备度（Readiness）评审。

阶段关口是为做出进入下个阶段、修改后再继续，或者结束项目或项目集的决策，而开展的阶段末评审。阶段关口有三个主要目标：确保项目集执行的质量，确定项目集执行背后的商业依据，并确认项目集管理计划和资源要求。项目集经理授权阶段关口评审团队，包括项目集团队成员的选定和项目集治理委员会，制定阶段关口评审模板，确定阶段关口的评审频率。

项目集审计是一个用来检查项目集的流程，可以在项目集内部指定人员由审计部来执行或由外部的政府机构来执行。项目集审计的目标可以包括保证项目集按计划执行、满足项目集质量标准、证实政府监管部门的要求，并符合行业标准。

项目集深潜包括详细的项目集和组件评审。项目集深潜目标可能包括项目集范围确认、项目集相互依赖关系识别和项目集风险减轻计划。项目集经理组建深潜团队，制定深潜检查表，并确定深潜频率。

准备度评审包括在项目集或组件交付收益之前需要完成的所有活动。项目集经理任命准备度评审委员会，制定准备度检查表，并确定准备度评审频率。

项目集收益交付阶段

在项目集收益交付阶段，项目集经理执行项目集监督计划，它利用项目集监督计划中所定义的技术，包括阶段关口评审、项目集审计、项目集深潜和准备度评审。项目集经理使用项目集监督计划中所描述的频率执行每种技术。此规则的一个例外是外部审计，它由政府机构决定审计内容和频率。项目集经理向项目集发起人和项目集治理委员会更新项目集监督计划执行结果。

项目集收尾阶段

在项目集收尾阶段，项目集经理完成最终的项目集监督计划。最终的计划表明，项目集已交付所有的收益、按时在预算内执行、没有任何重复的工作、没有工作上的缺口，并已按计划使用资源。项目集经理将此最终计划提交给项目集发起人和项目集治理委员会。

项目集风险管理

所有项目集都面临风险！项目集风险是一个事件或一系列事件或条件，如果它们发生，可能影响项目集的成功。积极风险通常被称为机会，而消极风险被称为威胁。这些风险来自项目集组件及其之间的相互作用（技术复杂性、进度、成本约束），以及来自更广泛的项目集管理环境。

必须定义好组织的风险概况，以构建最合适的方法来管理项目集风险、调整风险敏感性和监督风险临界状态。风险目标和风险阈值影响项目集管理计划。风险概况将风险分类为高、中、低三类，可根据对项目集和组件的影响程度，以及风险发生概率的评估来分类。

高、中、低风险对项目集和组件有不同程度的影响：

- 高风险可以显著影响项目集或组件的成本、进度或绩效。
- 中等风险会对项目集或组件的成本、进度或绩效产生一定的影响。
- 低风险可以对项目集或组件的成本、进度或绩效产生极小的影响。

高、中、低风险有不同的发生概率：

- 高风险有70%或更高的发生概率。
- 中等风险有30%~70%的发生概率。
- 低风险有30%或更低的发生概率。

外部和内部因素可能导致风险。外部因素主要导致项目集级风险。外部因素包括政治动乱、恐怖袭击、战争、龙卷风和飓风。内部因素会导致项目集风险或组件风险。导致项目集风险的内部因素的例子包括系统功能的缺乏，项目集启动阶段结构的低效，以及项目集管理工具的缺乏。导致组件级风险的内部因素的例子包括资源约束、组件范围的更改，以及交付成果完成的延迟。

组织可能有预定义的风险管理方法，如风险类别、对概念和术语的共同定义、风险说明格式、标准模板、角色和职责，以及决策的权限级别。过去类似的项目集经验教训也作为建立有效风险管理计划组件的关键资产进行审查。

为了对项目集有更大的影响，你放弃对每个项目任务的直接控制。项目集经理不是消防队员，而是寻找变化或延迟的活动、识别可能存在的风险，并准备团队来应对可能出错的事情。风险可能在项目集生命周期中任何阶段出现。预见风险很重要，因为随着时间的推移，它们对项目集的影响可能增加。因此，确定、跟踪和减轻风险对成功的项目集执行至关重要。

项目集风险监控是对新的风险进行识别、分析和规划的活动；跟踪已识别的风险和那些在观察清单上的风险，重新分析现有风险。监督旨在通过在连续的基础上识别、分析、报告和管理风险来减少威胁的影响和最大化机会的影响。风险监控是整个项目集生命周期内持续进行的活动。

项目集经理识别出可以威胁项目集生存的风险并制订风险减轻计划，类似风险如环境的变化、政府政策和规章制度。

项目集风险管理概况

风险管理是项目管理的核心。通常在没有项目团队失误的情况下，任何数量的风险都可能降临到一个项目上并使其偏离轨道。从飓风和政治动荡，到供应商冲突和劳动力短缺，内部和外部事件都会对项目的进展和最终绩效产生重大影响。这种风险不是完全可以预测的，但通过有效的风险管理实践，可以减轻潜在的损害。

尽管风险管理实践对成功执行项目集至关重要，但在 2015 年，只有 64%的组织报告经常使用风险管理实践，而 2012 年时该数值高达 71%。虽然这一数字有所下降，PMI 将继续监督，但该研究确实发现，83%的高绩效者经常使用风险管理实践，而低绩效管理者中仅占 49%。

风险管理能力有助于组织评估和识别项目风险，减轻威胁，并利用机会。事实上，如图 8-5 所示，那些报告自身总是使用风险管理实践的组织，相比于不常使用风险管理实践的组织而言，有更好的项目成果。图 8-5 报告的是项目管理的统计结果。由于风险管理和项目集成果的数据无法获取到，因此我们假设风险管理和项目集成果与风险管理和项目成果有相似的相关性。

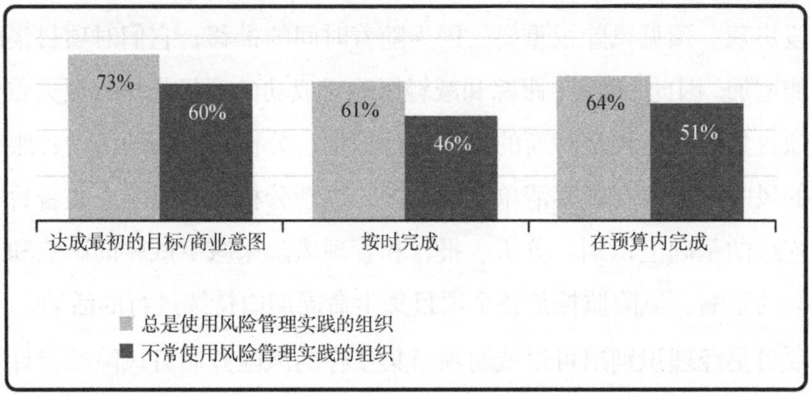

图 8-5 风险管理与项目成果

项目集风险管理发生在项目集生命周期的所有阶段。在项目集定义阶段，项目集经理执行项目集风险管理计划。在项目集收益交付阶段，项目集经理识别、登记、监督和减轻风险。在项目集收尾阶段，项目集经理关闭所有风险。

项目集风险管理规划通过考虑项目集组件来识别对项目集进行风险管理的方法和活动。项目集风险管理规划发生在项目集定义阶段。风险管理计划作为这项活动的产出，定义了用于管理风险的方法。

风险识别是一个在收益交付阶段发生的迭代活动。随着项目集的进展，新的风险可能演变或被认知。迭代频率与参与者涉及频率可能有所不同，但风险描述的格式必须是一致的。这允许对项目集的风险事件进行比较。在风险识别过程中，每个项目集团队成员预测当前战略、计划和活动的成果，并做出最佳判断以识别新的风险。包括用来讲述风险如何或为什么可能影响项目集成功之类的背景信息很重要；风险识别活动应给风险分析和风险优先级排序提供足够的信息。

风险监督包括跟踪项目集风险登记册中所识别的项目集层级的风险，并识别项目集执行过程中出现的新风险，例如，在项目集层级要求解决的未解决的组件层级风险。需要采取的行动可能包括：确定新风险是否已产生，目前的风险是否已经发生变化，风险是否已被触发，风险应对是否是必要的和有效的，以及项目集的假设是否仍然有效。

有许多工具可以用来跟踪风险，包括 Microsoft Office Project Server、SharePoint Drive、自制软件包，以及 Excel 电子表格之类的应用程序。Microsoft Office Project Server、SharePoint Drive 和类似的应用程序具有内置的功能，允许注册风险并监视其解决方案。如果应用程序不可用，项目集经理至少可以在 Excel 中构建风险登记册。

允许成功注册、跟踪和减轻风险的风险登记册可以包括以下列：

- ID 列对应风险序号。
- 识别日期列显示风险登记时的日期。
- 项目集或组件列将说明风险属于项目集还是组件。
- 标题列提供风险名称。
- 描述列提供风险描述。
- 概率列定义风险发生率的百分比，可以是高、中或低。
- 影响列定义风险对组件或项目集的影响，可以是高、中或低。
- 负责人列列出负责风险解决方案的项目经理。
- 状态列描述风险是开放还是关闭的。

- 升级到项目集列描述风险是否需要升级到项目集级别。
- 减轻策略列描述减轻风险的策略。
- 目标解决日期列显示解决风险的预定日期。
- 实际解决日期列显示一个实际的日期，其时风险已经解决并关闭。

我们将使用呼叫中心流程改进项目集来示例说明问题的识别、登记和减轻。项目 2 缩短呼叫响应时间被确定需要包括一个额外的范围。额外的范围是就不同呼叫类型的呼叫响应时间进行研究。这是一个风险，因为它对呼叫中心的流程改进项目集执行的时间线产生了负面影响。因为这种风险影响项目集时间线，项目经理 2 将该风险升级到项目集层级。

项目集经理和项目经理识别了一个减轻计划，其中包括围绕不同的呼叫类型在随后的任务中的响应时间进行并行研究。因为是研究部门而不是项目集团队将执行这项任务，所以并行跟踪是可能的。呼叫中心流程改进项目集风险登记册如图 8-6 所示。

ID	识别日期	项目集或组件	标题	描述	概率 3-高 2-中 1-低	影响 3-高 2-中 1-低	负责人	状态：开放或关闭	升级到项目集（是/否）	减轻策略	目标解决日期	实际解决日期
1	2019 年 1 月 9 日	项目 2：缩短呼叫响应时间	就项目 2 进行研究的额外范围	就不同呼叫类型的呼叫响应时间进行研究。该风险对组件时间线继而对项目集执行时间线产生了影响	3-高	3-高	项目经理 2	开放	是	在随后的任务中进行并行研究。因为是研究部门而不是项目集团队将执行这项任务	2017 年 1 月 20 日	

图 8-6 呼叫中心流程改进项目集风险登记册

在项目集收尾阶段，项目集经理实施收尾活动，包括评审和关闭所有风险。项目集经理归档风险文件供将来使用，并将项目集收益移交给运营。

升级机制

作为一名项目集经理，我学会了更加主动地解决冲突，而不是对危机做出被动反应。我考虑如何升级而不是如何报告。报告只是传达了问题的状态；报告接收者没有义务来采取行动。升级使领导团队参与解决项目集所遇到的问题。依我的经验，升级可能被认为是抱怨，所以在任何项目的启动会议上，我都试图定义问题在何时必须升级给何人。

需要升级的风险包括在项目集内影响多个组件或影响整个项目集的风险。需要升级的风险的例子包括资源和组间冲突、对角色和责任的不正确期望，以及对关键项目指标的风险。

需要制定项目集治理和升级程序，以便对整个组织可能产生的影响进行风险评估。风险登记册用于风险分析和识别需要升级到高级领导层的风险。

当风险尚未解决时，项目集经理确保在所规定的权限范围内逐步升级，直到获得解决方案为止。风险首先升级给项目集经理。如果项目集经理没有解决这些风险所需的权限，项目集经理升级这些风险给执行发起人和项目集治理委员会。

有如下几种类型的升级需要考虑：

- 有时候，对于一个关键问题，如范围扩展，你需要一个“是”或“不是”的回答，这超出了项目集经理的权限。
- 冲突可能需要对项目或项目集有更广阔视野的更高层的管理者来调解。
- 仅含信息的升级只是让管理层保持对可能出现潜在问题的了解，以求将来他们的关注。
- 项目管理团队在组件层级无法解决的组件层级风险。
- 组件层级的风险，在项目集层面能更有效地管理，因为它们影响多个组件或需要更高权限者来解决。

在确定风险应该升级之后，项目集经理决定在正确的时间升级给正确的人选。管理层经常认为项目集经理缺乏能力或影响项目成功的高风险可能导致频繁的升级。升级太少可能导致错失管理层介入关键问题或介入关键时间点，而未能促成所需的及时解决方案。

项目集经理需要自问如下这些问题，以帮助决定是否适时升级：

- 你是否曾真诚地试图达成一个适当的解决方案，但发现你已经穷途末路了？
- 这是你的老板希望你处理或升级的问题吗？
- 你是否有专业知识来做决定，或者需要咨询另一个主题专家或利益相关方？
- 你能直接接近这些专家或利益相关方，或者仅仅只能依靠升级以获得他们的输入？
- 你是否已经尝试了所有其他选择，任何进一步的延误都可能对项目结果或交付成果产生不利影响？

一旦项目集经理决定升级，重要的是要以成熟和专业的方式进行。这里有六个技巧可以有效地解决你的项目或项目团队的问题：

- 你需要决定合适的升级对象人选。直接经理可能不是升级对象，尤其是在矩阵组织中。
- 逐步升级到一个适当的层级，直到有人有权做出决定或干预。升级升得“太高”可能导致你的请求被发送给较低级别的雇员。
- 提供一个简明的问题摘要，并指明可以找到详细信息的地方。不要假设你正在升级的对象拥有所需的背景信息。
- 明确说明你需要什么。别留下模棱两可的话。明确说明你何时需要，以及如果到时没能及时采取预期行动的影响或后果。

- 及时跟进，即使在发送电子邮件和打电话后——不要假设当你升级后，别人一定能知道。
- 使用适当的、尊重的内容。苛刻的电子邮件和电话会使得解决问题后出现更多的其他问题。

重要的是确定和记录什么样的风险应该升级，什么是升级的时机，要升级给哪些高管。如果未定义和记录风险升级流程，则可能导致错误的、错过的或不及时的风险升级。如果一个组织没有风险升级流程，那么项目集经理为项目集开发一个风险升级流程是至关重要的。

项目集变更控制流程

所有项目集都会遇到变更。项目集变更的示例包括对范围、进度、预算、文档和可交付成果的变更。对范围的变更包括增加或减少原先定义的范围。范围的增加发生在需要额外的范围的时候。同样，在确认不再需要某个范围的一部分时，范围就缩小了。

对计划的变更包括对任务开始日期和结束日期的更改。任务开始日期的更改发生在任务可能比计划早或迟开始时。由于提前完成了前面的任务或者由于资源的可用性，任务比计划提前实施。由于延迟完成前一个任务或由于资源的不可用，任务开始晚于预定时间。类似地，任务结束日期的变更发生在任务可以提前完成或晚于计划完成的时候。由于快速跟进的工作或由于额外资源的可用性，任务提前结束。由于工作或资源约束的延迟，任务迟于预定时间完成。

预算的变更发生在项目集需要额外的资金或有尚未使用的资金时。需要增加资金的原因是增加的范围、增加额外资源的需要、进度的延误或要求工作提前。项目集由于范围缩小，按需释放资源，进度加快，或者把工作延后而导致有尚未使用过的资金。由于范围的变化、对附加内容的需要和编辑请求，可能发生文档和可交付成果的变更。

变更是由项目集内部和外部因素引起的。内部因素的例子包括资源约束、预算约束及发现可能改变项目集基准计划的额外信息。外部因素的例子包括监管要求的变更、行业标准的变更及新产品和新技术的市场引入。

我们将使用呼叫中心流程改进项目集来提供一个关于变更的例子。在收益交付阶段，发现项目 2 缩短呼叫响应时间，需要对不同呼叫类型的呼叫响应时间进行进一步研究。这是一个在项目集定义阶段尚不知道的附加组件的范围的示例。它是由一个内部因素引起的，识别出进行额外研究的需要。研究部门将进行研究。因此，这一变更导致预算增加，用于支付研究部门的资源投入。

项目管理的关键是建立基准来有效地执行项目集。通常，引入的任何变更都是严格控制的，避免变更导致返工，以及驱动范围和时间线的保证。然而，项目集管理的关键是对商业环境中所发生变化的认识，这将影响项目集的成功。项目集经理必须善于驾驭变化和对驱动项目集的商业目标的变革影响。

变更控制是一个流程，对文档、交付成果的修改，或与项目相关的基准的识别、归档、批准或拒绝。在项目集定义阶段，项目集经理锁定项目集的范围，通过锁定原已批准的任务及其开始日期和结束日期来建立项目集管理计划基准。项目集经理定义将在整个项目集生命周期中产生并得到项目集预算批准的文档和可交付成果。

在项目集生命周期中，可能对最初批准的范围、进度、预算、文档和可交付成果进行变更。这些变更需要变更请求。变更请求是正式提出修改任何文件、可交付成果或基准的正式建议。为了处理项目集变更请求，项目集经理建立项目集变更控制流程。

变更控制流程

项目集变更控制是用来识别、记录、批准或否决对项目相关文件、可交付成果或基准修改的流程。变更控制流程是项目集生命周期中的应用。在项目集定义阶段，在项目集层级开发变更控制流程。在收益交付阶段，它在组件级别执行，并对项目集级别进行监管。在项目集收尾阶段，变更控制流程在项目集级别关闭。

项目集定义阶段

为了处理变更，项目集经理建立了项目集变更控制流程。该流程建立在项目集级别，在组件层级执行，并在项目集层级进行监管。这个流程描述了如何开始、跟踪、批准、实施和关闭变更；它定义了参与变更控制流程的所有人的角色和职责。该流程可以包括以下内容：

- 定义常规的和快速跟踪的变更控制流程，包括每个步骤的时间节点。
- 定义角色和职责，并建立审批阈值。
- 制定变更请求流程质量标准。
- 制定变更请求跟踪机制，创建变更请求存储库工具。
- 制定变更请求单。

变更控制流程的执行始于变更请求单的启动。正如前面所定义的，变更请求单是一个文件，它概述了对原始项目集范围、时间线或资金的变更，提供了有助于确定适当行动的理由。变更请求是声明性的；它说明了应该实现什么更改，但遗漏了如何实现变更的详细信息。变更请求单可以是内置于 Microsoft Office Project Server 或项目集 SharePoint 站点中的标准化功能，也可以是项目集里或 Microsoft Word 或 Excel 里的一个组织所开发的自制文档。

在项目集定义阶段，项目集经理制定变更请求单。在整个项目集生命周期中，组件项目经理和项目集经理使用该表单来请求变更。根据项目集的性质、组织和行业标准及法规要求，变更请求单可以包括以下这些字段：

- 包含项目集名和序列号的变更字头。
- 变更标题。
- 变更请求被创建的日期。
- 创建变更请求的人的姓名和头衔。
- 变更请求状态（开放或关闭）
- 详细的变更说明。
- 变更支持文档，包括技术规范、数据分析、流程流向等。
- 变更对进度和预算的影响，包括所需的时间和实施变更所需的资金。
- 变更开始和实施日期。
- 批准状态（批准或拒绝）。

范围很大的项目集可能配有一名变更经理。变更经理执行与变更控制流程相关的职能，包括接收变更请求单，分配序列号，将其存储在共享站点或驱动器上，进行初步审查，并将其交给变更控制委员会和指导委员会进行审查和批准。如果项目集没有变更经理，那么项目集经理就可能执行这个职能。

创建变更请求单后，提交给项目集经理或变更经理进行处理和初步评审。一旦提交，变更请求被分派一个序列号，允许在整个变更控制流程中跟踪它，并在项目集的后期或其他项目集内引用它。

存储和跟踪变更请求是很重要的。如果在 Microsoft Office Project Server 或项目集的 SharePoint 站点中创建了变更请求，则使用内置跟踪机制跟踪它。如果在 Microsoft Word 或 Excel 中创建了变更请求，则该文件存储在项目集 SharePoint 站点或项目集的共享驱动器上。变更请求日志作为一个独立的文件，用于跟踪机制。

项目集经理或变更经理对变更请求进行初步评审。初步评审的目的是确认所请求的变更符合项目集目标，并包括所有必要的支持文件。评审的结果是通过变更控制流程来推荐该变更请求、对附加信息的请求，或者得出成功交付项目集收益不需要该变更的结论。

在初步评审之后，提交一份变更请求以供正式评审和批准。变更请求评审的目的是确定成功的项目集交付是否需要变更，是否满足法规要求和行业标准，变更成本与实现它所带来的收益是否相一致。变更请求批准设置通常基于审批的阈值。组织授予个人批准权，并在规定的阈值内行使该权限。根据变更请求所落入的阈值，个人或委员会批准变更请求。例如，项目集经理可能有权批准低于 10 000 美元的变更请求。变更请求委员会有权在 11 000~50 000 美元的范围内批准变更请求。变更请求指导委员会可在 51 000~250 000 美元的范围内批准变更请求。组织内的权威，如资本审批委员会或 CFO，有权批准超过 251 000 美元的变更请求。

基于围绕批准权限的组织准则，项目集经理建立项目集阈值，并确定可以批准每个阈值的人员和委员会。项目集经理可以设立变更控制委员会，审查和批准对低成本和中等成本的变更请求，并设立指导委员会，来审查和批准高成本的变更请求。评审的结果可以是批准或拒绝变更请求。如果变更请求被批准，它将被实施。如果变更请求被拒绝，它可能重新提交额外的信息证实请求。

变更控制委员会（Change Control Board，CCB）是一个正式被授权负责审查、评估、批准、推迟或拒绝变更项目，并记录和传达该决策的群体。变更控制委员会可以包括项目集经理、项目集团队成员、主题专家、首席财务官的团队成员及业务负责人。

项目集指导委员会是指导项目集在整个项目集生命周期执行中发挥重要作用的委员会。它规划各种职能，包括监督项目集执行和预算支出，进行阶段关口评审，评审和批准变更请求，确保项目集收益的顺利交付。项目集指导委员会可包括项目集经理、高级项目集团队成员、高级主题专家、财务总监和高管级别的业务负责人。

项目集经理为变更控制流程中的每个步骤建立持续时长。例如，项目集经理或变更经理的初步评审应在变更请求提交的两天内完成。变更控制委员会会议应定期（例如，每两周或每月保证变更请求及时处理）。同样，指导委员会会议也应定期安排（如每月）。

项目集经理定义定期和快速跟踪变更控制流程。如果一个变更本质上不是紧急的，它将通过一个包括所有定义步骤的常规变更控制流程来处理。如果变更是紧急的，它将通过一个快速的只包括关键步骤的变更控制流程来处理。

↘ 项目集收益交付阶段

如前所述，变更控制流程执行发生在整个项目集生命周期内。变更控制流程从变更请求的准备、评审和批准开始。如果获得批准，将执行该变更请求。组件项目经理监督实施并将实施状态报告给项目集经理或变更经理。如果变更请求在执行时遇到问题，组件项目经理解决它们或在必要时将它们升级给项目集经理。

一旦执行了变更请求，组件项目经理将评审变更结果以确保其完整性。组件项目经理关闭变更请求，并将该关闭报告给项目集经理或变更经理。

↘ 项目集收尾阶段

变更控制流程关闭发生在项目集层级。项目集经理或变更经理确认所有变更请求都已被评审过，并且被批准或拒绝。项目集经理或变更经理确认所有已批准的变更请求被实施，并确认所有变更请求都被正确归档以供其他项目集将来使用。

质量控制流程

即使项目在预算内及时交付，如果项目交付成果的质量很差，该项目也不成功。质量管理涉及识别和跟踪质量要求、审计质量控制措施的结果、使用质量测量来控制质量、在必要时推荐项目变更。

交付高质量的收益保证了按时在预算内交付收益并提高了客户满意度。相反，交付低质量的收益可能导致错过交付日期和付出返工成本。质量是项目集的可变成本，它应该被评估并纳入商业计划中。

项目集质量管理计划对成功交付收益至关重要。质量管理确保了为总体项目集和项目质量而存在的质量计划。该质量计划还将定义用于提供项目集故障点早期警告的项目集管理度量指标。

质量管理计划在整个项目集生命周期中都在使用。项目集经理在项目集定义阶段制订该计划。项目集经理和组件经理在收益交付阶段执行该计划。该计划从项目集层级降级到组件层级。质量管理计划是反复执行的。项目集经理在项目集收尾阶段关闭该计划。

质量管理计划以项目集管理计划、利益相关方登记册和风险登记册作为输入。项目集管理计划提供工作分解结构、成本基准和范围基准，包括开始日期和结束日期。利益相关方登记册有助于识别对质量有兴趣的利益相关方。风险登记册有助于识别可能对质量产生影响的风险。

质量管理计划包括质量标准、度量指标和测量工具。质量标准建立了一个围绕着项目交付质量的清晰的预期框架。质量度量指标是用来比较收益质量和标准之间的度量。质量工具用来衡量收益质量。工具可以包括阶段关口评审、内部和外部质量审计，以及文件评审和批准流程。

正如前文所述，阶段关口评审确保收益质量。在每阶段快结束时都会进行阶段关口评审，由一个阶段关口评审团队进行，其中包括项目集团队的选定成员和治理委员会。质量审计是一个结构化的、独立的流程，以确定收益是否符合质量标准、满足内部和外部的监管要求。质量审计可以是内部审计，也可以是外部审计。

一个部门可以在组织中或项目集是其组成部分的一个项目组合中进行内部项目集审计。我们使用呼叫中心流程改进项目集作为示例。该项目集是包括项目 1 和呼叫中心审计的呼叫中心项目组合中的一部分。呼叫中心审计是为了多种目的而进行的，包括呼叫中心流程改进项目集提供的收益交付的质量保证。

政府机构进行项目集外部审计。外部审计对于那些具有高质量标准要求的行业尤其重要，因为它们直接影响人类的生活，包括医疗保健、航空航天和汽车制造业。

项目集文件的评审和批准是质量保证过程中的一个重要部分。所有的项目集文件都应该与编制文档的团队一起进行评审，团队将在下一阶段使用，并与高层管理人员一起使用。与高层管理人员进行评审是质量保证过程中非常重要的一步，因为他们对组织有全面的了解。因此，通过对文件的评审和批准，高层管理人员可以确保整个跨职能的一致性。项目集质量不合格的原因之一是，高层管理人员不花时间评审文件来确保整个组织的一致性。使用代理来获得批准的方法可能有助于及时把握时机，但不利的是，可能导致潜在的质量问题。

如果质量工具识别出低于预期的收益质量，则意味着需要额外的工作。在这种情况下，组件项目经理发起变更请求来执行额外的工作以满足质量标准。

项目集经理应该在所交付收益的质量与项目集在时间和预算方面的交付之间进行平衡。如果实现质量结果需要额外的时间，则项目集经理应评估各种备选方案，以确保质量和按时在预算内交付，包括：

- 先实施短期解决方案，后实施长期解决方案。

- 先实施手动解决方案，后实施自动化解决方案。
- 进行额外的工作以确保收益质量，然后通过增加资源来加速后续阶段。

项目集沟通

在组织项目和项目集管理的环境下，沟通是一项核心能力，若得以恰当执行，可将项目团队的每个成员聚集到一组共同的战略、目标和行动中。除非项目领导有效地分享这些组件并且被利益相关方所理解，否则项目的成果会受到损害，预算也会产生不必要的风险。

在项目管理中最关键的成功因素是与所有利益相关方进行有效的沟通——这是所有组织的核心竞争力。在复杂和竞争激烈的商业环境中，组织不能忽视项目成功和长期盈利这一关键因素。

PMI 的研究证明，无效沟通会导致更少的成功项目数量；那些最低有效沟通的组织，其所报告的达成最初目标、按时并在预算内完成的项目数量要少得多，如图 8-7 所示。

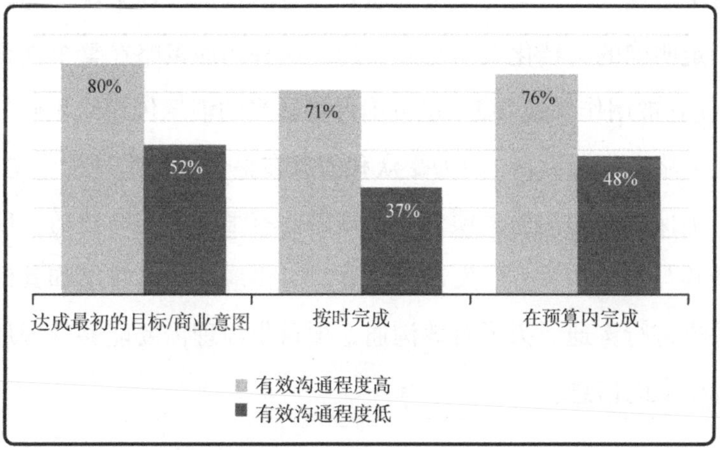

图 8-7 有效沟通的组织具有更多的成功项目

项目集沟通管理计划对项目集成功交付收益至关重要。沟通规划是确定项目集利益相关方信息和沟通所需要的活动，该活动基于谁需要什么信息、他们何时需要它、如何发给他们，以及通过谁发给他们。

沟通管理计划在整个项目集生命周期中使用。项目集经理在项目集定义阶段制订该计划。项目集经理和组件经理在项目集收益交付阶段执行该计划，并在项目集收尾阶段关闭该计划。

项目集沟通可以是内部的，也可以是外部的。内部沟通的例子包括与项目集团队、组织内部各部门、项目集治理委员会和高层管理人员之间的沟通。外部沟通的例子包括与政府机构、外部审计员、竞争对手和供应商之间的沟通。

沟通管理计划描述了各种类型的项目集沟通之间的沟通协议，包括内部的和外部的。该计划需要解决利益相关方的需求和期望，并及时为目标受众提供专门设计的关键信息和格式。沟通信息包括项目集和组件状态更新、风险沟通、变更请求更新、预算信息、与政府的外部文件、公告和新闻发布。

项目集经理是项目集的关键沟通者。对项目集经理来说，为广泛的沟通需求制定明确的文档化策略是有益的。这种沟通策略在整个项目集期间使用，即使它被用作快速参考，也可确保将适当的消息传递给正确的受众。这种沟通策略应定期更新，因为受众和消息在整个项目集过程中是变化的。

为了确保成功的沟通，项目集经理需要有很强的沟通技巧。项目集经理需要能够与利益相关方、发起人、客户、供应商、高管层和其他项目集利益相关方进行沟通。为了有效沟通，项目集经理需要能够处理那些将要送到目标受众的信息。

第 9 章

有效的项目集管理

在整个项目集生命周期中，项目集经理都要监督项目集的执行，确保项目集收益得以按时按预算交付，同时还要确保有效地进行资源管理。本章将详细描述按时交付项目集可应用的活动与工具，并阐述按预算交付所必需的项目集财务管理，包括项目集每个阶段预算、预测及实际成本的管理。每个计算都会用财务管理表予以举例说明，并详细阐述要如何来构造它们。本章也断定项目集的每个阶段都需要有效地进行资源管理，包括资源的预测、估算及实际跟踪。

本章包括以下部分：

- 按时交付项目集的机制。
- 按预算交付项目集的机制。
- 有效的项目集资源管理。

按时交付项目集的机制

在整个项目集生命周期中，项目集经理都要监督项目集的执行，以便确保项目集收益的按时交付。项目集经理要定期更新项目集管理计划以便对当前状态有正确的看法，同时还要应用各种机制来监督项目集收益的按时交付，识别可能导致项目集执行延误的风险，调整在冲突目标之间的优先级，以及一旦发生延误时选择快速跟进组件执行的机制。

项目集和组件报告是项目集收益及时交付的关键工具之一。报告要考虑监督项目集和组件进展、识别风险领域、管理依赖关系及提供状态更新。报告还可能被用来与各组人进行交流，包括项目集治理委员会和项目集团队。

项目集经理可以使用构建项目集管理计划所用系统的现有报告，也可以创建新报告。Microsoft Project 有一系列报告可用，可以单击“菜单报表”>“查看报表”> “报告类型”>选择特定的报告。Microsoft Project 的报告分为五类，包括仪表板、资源、成本、进展和自定义。每类报告又包括多种报表：

- 仪表板报告包括燃尽图、成本概况、项目概况、即将开始的任务及工作概况。
- 资源报告包括过度分配的资源和资源概况。
- 成本报告包括现金流量、成本超支、挣值报告、资源成本概况和任务成本概况。
- 进展报告包括关键任务、延迟的任务、里程碑报告和进度落后的任务。
- 自定义报告允许创建自定义的报告。

今天很多组织所面对的挑战是这些报告都是以项目为中心的，都支持在组件层面的信息跟踪，而没有项目集层面的汇总信息。这就形成了限制，因为组织常常会缺乏工具来汇总和跟踪项目集层级的信息。很多系统会限制或者缺乏从组件报告汇总生成项目集层级报告的功能，包括状态、资源使用、风险报告及时间线等。

与按时交付项目集相关的活动在项目集生命周期的各个阶段都要进行。

➘ 项目集定义阶段

在定义阶段，项目集经理核实项目集范围，识别和圈定项目集资源，进而建立项目集和组件报告和度量指标来按时跟踪和测量项目集的执行情况。项目集经理还要识别出哪些项目集和组件报告要包括在项目集的状态更新中，提供给项目集执行委员会和项目集团队。

➘ 项目集收益交付阶段

在收益交付阶段，项目集经理要最终确定项目集范围，在组件层面和项目集层面密切监督项目集的执行，并且识别和解决项目集和组件的风险。

按时交付项目集的一个关键机制就是监督组件的执行。这是通过管理项目集管理计划来实现的，包括：

- 更新任务完成百分比。
- 对比开始日期与实际开始日期从而识别出偏差，包括实际开始是提前、按时还是晚于进度计划开始。
- 对比完成日期与实际完成日期从而识别出偏差，包括实际完成是提前、按时还是晚于进度计划完成。
- 评审项目集时间线来识别出落后于进度的任务。
- 使用项目集和组件报告来跟踪收益的及时交付。

如前所述，项目集经理会应用各种报告，包括工作和资源概况报告，如图 9-1 所示。工作概况报告包含很多图表来展示某组件的执行进展情况、即将到来的里程碑及进度落后的任务。

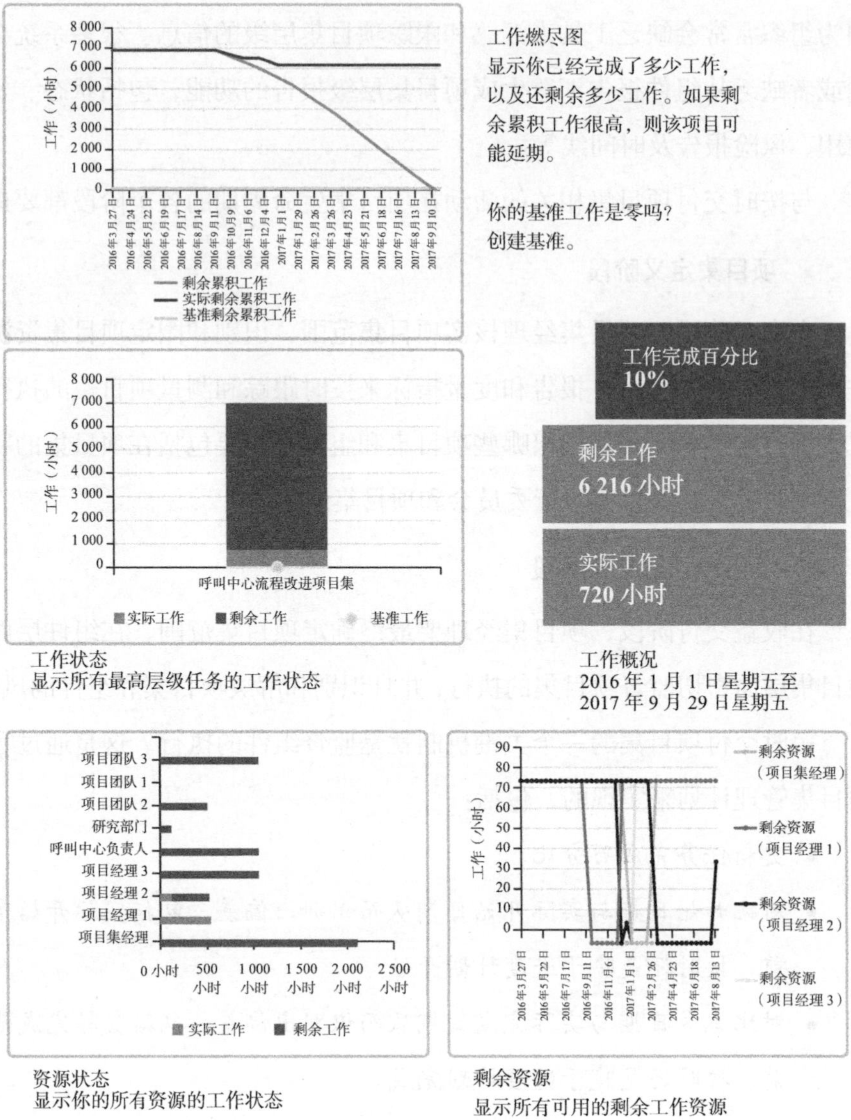

图 9-1　Microsoft Project 中的工作概况报告

资源概况报告会包含多种图表和一个表单，显示出工作状态、资源统计和项目集状态（见图 9-2）。

工作概况

工作概况

工作状态
所有资源的工作状态

工作状态
所有资源完成工作百分比

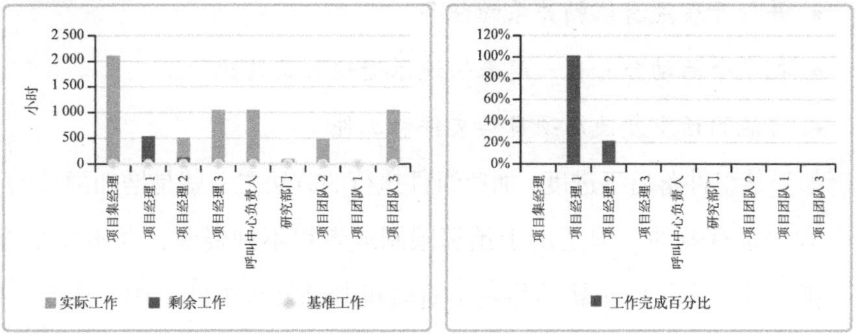

工作概况
所有可用的剩余工作资源

名称	开始日期	完成日期	剩余工作（小时）
项目集经理	2016 年 10 月 3 日星期一	2017 年 9 月 29 日星期五	2 080
项目经理 1	2016 年 10 月 3 日星期一	2016 年 12 月 30 日星期五	0
项目经理 2	2017 年 1 月 2 日星期一	2017 年 3 月 31 日星期五	400
项目经理 3	2017 年 4 月 3 日星期一	2017 年 9 月 29 日星期五	1 040
呼叫中心负责人	2017 年 4 月 3 日星期一	2017 年 9 月 29 日星期五	1 040
研究部门	2017 年 1 月 23 日星期一	2017 年 2 月 10 日星期五	120
项目团队 2	2017 年 1 月 19 日星期四	2017 年 3 月 31 日星期五	496
项目团队 1	2016 年 10 月 21 日星期五	2016 年 12 月 30 日星期五	0
项目团队 3	2017 年 4 月 3 日星期一	2017 年 9 月 29 日星期五	1 040

图 9-2　Microsoft Project 中的资源概况报告

在项目集执行过程中，难免要面对影响项目集按时交付的风险。我们在第 8 章中讨论过风险的识别、跟踪和解决。在本章中，我们集中讨论那些影响收益按时交付的风险万一发生时，可以让项目集执行加速的机制。

如果某个项目集由于组件执行的实际时间比进度计划安排的时间长，或者由于资源限制而正在延期，会有各种方法可以快速跟进项目集从而在基准目标内完成它。

- 通过增加新资源来加速组件的执行。
- 外包组件工作，合作者能比自主开发更快地给出解决方案。
- 先实施短期解决方案，晚些再实施长期解决方案。
- 先实施手工解决方案，晚些再实施自动化解决方案。

- 使用分阶段的方法交付收益。
- 并行开展没有依赖关系的任务。
- 把多个活动合并在一起来快速跟进项目集的执行。
- 可能的话重复使用项目集文件和工件。

如果某组件落后于进度，加速组件执行的方法之一就是增加额外的资源。这个方法是有效的，但是由于预算限制或者得不到资源，并不总是能用。

把组件工作拉回正轨的另一个有效机制是外包组件工作，从而合作者能比自己团队更快地给出解决方案。但是，和前面说的一样，由于预算限制或者合作方的资源限制，这种方法也不总是能用。

如果因为已经识别出的问题，按时交付完整的产品或解决方案已不可能，项目集经理可能选择先实施一个短期解决方案，晚些再实施长期解决方案。类似地，对交付技术方案的项目集而言，项目集经理可以先实施手工解决方案，晚些再实施自动化解决方案。

项目集经理可以使用分阶段的方法交付收益。我们用呼叫中心流程改进项目集案例来说。如果组件 2 缩短呼叫响应时间项目执行有延迟，那么组件 1 提升呼叫响应质量就可能先被执行，晚些再执行组件 2。

为了加速已延期项目集的执行，项目集经理可以识别出那些相互间没有依赖关系的活动，并行地执行它们。我们应用呼叫中心流程改进项目集案例来说哪组件 2 缩短呼叫响应时间可以提前于进度计划开始，因为它并不依赖组件 1 提升呼叫响应质量的完成。

为了确保项目集按时执行，项目集经理可以识别出相关活动，把它们组合在一起来实施。

项目集经理可以从当前项目集及过去执行过的项目集中识别出类似的文件和工件，从而在可能的时候再使用它们。这个方法能确保项目集按时执行，还能避免重复工作。

↘ 项目集收尾阶段

在项目集收尾阶段中，项目集经理要确保所有的收益都得以交付与移交，并更新度量指标以检查项目集是否已经被按时执行，然后制定报告，包括项目概况报告。这个报告要包括图表和统计数值，表明项目集组件的完成情况为 100%完成（见图 9-3）。

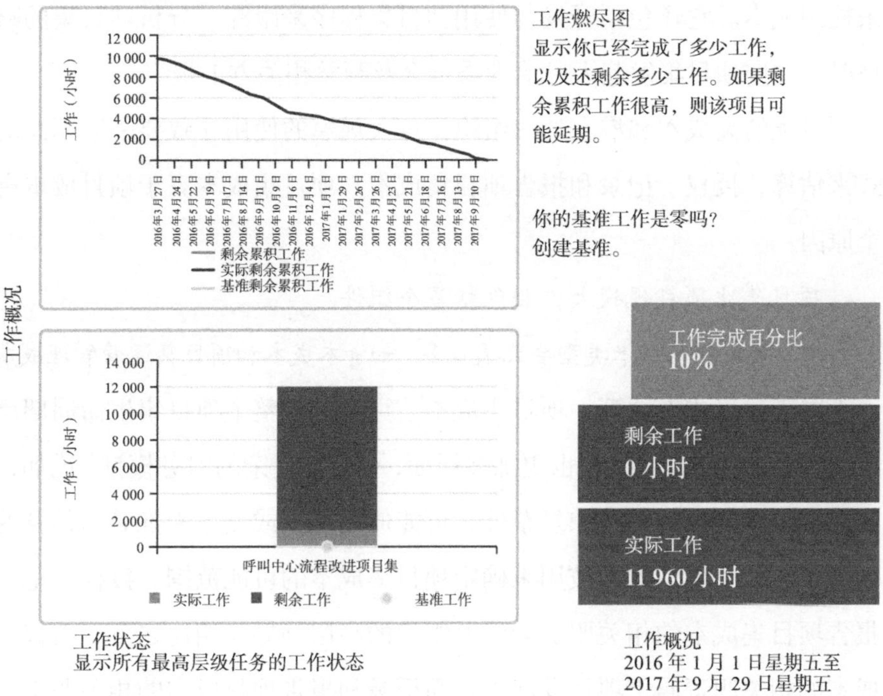

图 9-3　Microsoft Project 工作概况最终报告

关于项目集的按时完成情况，项目集经理要准备一份最终的状态更新给项目集治理委员会和项目集团队。最后，项目集经理关闭项目集。

按预算交付项目集的机制

项目集财务管理包括的活动涉及识别项目集资金来源与资源，整合项目集组件的预算，制定项目集总体预算，以及贯穿整个项目集及其组件期间来控制成本。它还包括开发与使用项目集程序来跟踪、分析项目集的财务情况，并向项目集发起人、治理委员会及利益相关方汇报。

项目集的高成本和潜在的对组织预算大规模的使用导致要采取不同的方式来估算、授权、记录和报告项目集成本。项目集成本高于项目成本有两个原因：

- 项目集比项目规模大，会包括多个组件。
- 项目集包括的成本类型会比项目多，如资本成本和项目集运营管理成本。

不同于项目成本估算，项目集成本估算会贯穿整个项目集生命周期反复进行。项目集的成本估算也更加多层面，会应用复杂的财务模型。比如，基于所要实施工作的风险和复杂性，可能使用加权或概率来推导出估算的置信因子。这个置信因子被用来确定项目集成本的可能范围。授权、记录和报告项目集成本的相关职责会涉及组织的高层领导。相比之下，授权项目成本的相关职责属于项目发起人，而记录和报告项目成本的相关职责由项目经理承担。

首席财务执行官会在战略定义和项目集初始估算期间就参与进来。贯穿项目集始终，CFO 会以不同职责持续参与其中，包括在项目集的每个阶段做出做/不做（Go/No Go）的出资决策，定期的项目集成本评审，以及批准获取额外资金或者返还未用资金。通常，CFO 是以项目集治理委员会成员的身份来履行这些职责的。CFO 办公室会协助为项目集成本估算进行财务建模、分析偏差，并且准备变更请求来获取或返还资金。

在接下来的章节中，我们将评述项目集经理和项目集团队在项目集生命周期各个阶段要实施的项目集财务管理步骤。

↘ 项目集定义阶段

在项目集定义阶段，项目集经理要进行初始的成本估算。在估算项目集成本时，决策者不仅要考虑开发与实施成本，还要考虑项目集完成后可能产生的维持成本。因此，项目集总成本要包括项目集成本和维持成本。项目集总成本代表了项目集将要交付收益的成本。项目集成本被用来与其他项目集的成本相比较，证明选择该项目集的合理性，并且确定组织是否具备适当的资金。

在定义阶段的早期，项目集经理要建立项目集财务框架。项目集财务框架定义出项目集的现金流，确保资金得以被有效开支。

项目集的类型和融资结构限定了项目集的财务环境。通常，项目集资金可能有一个或多个来源，也可能有不同来源的资金为项目集组件出资。出资模式包括：

- 由单一的组织出资。
- 由单一的组织管理，但出资是专项独立的。
- 出资和管理完全由外部的上级组织负责。
- 由内部和外部出资方提供支持。

除资金来源外，融资额的分配也会直接影响项目集的财务框架。不同于项目，项目集会比收益交付更早地产生成本。项目集财务框架要确保能获得资金来弥补付出的项目集成本与交付的项目集收益间的差额。以更有效的方式来负担这个巨大的负现金余额是项目集财务框架的关键性挑战。

由于项目集需要大量资金，出资组织常会积极地参与其中，为项目集管理提供输入，并且要求定期更新资金的使用情况。与出资组织的沟通和更新，要贯穿整个项目集生命周期并定期进行。

使用项目集财务框架，项目集经理可以制订项目集财务管理计划。项目集财务管理计划是项目集管理计划的一个组件，记录了项目集财务的所有方面，包括出资来源与资金分配、财务度量指标、财务报告机制及初始预算等。

作为项目集财务管理计划的一部分，项目集经理和项目集团队会制定财务度量指标来测量项目集的收益。项目集治理委员会要批准财务度量指标。由于项目集通常范围很广，历时也很长，围绕着制定项目集财务度量指标的一个难点是要建立因果关系。伴随着整个项目集生命周期中对成本、进度和范围的变更，要对照基准来测量成本。是要继续执行项目集、取消它还是更改它，部分程度上都会基于这些财务度量指标的结果来决定。

初始的预算规划开始于定义阶段。为获取项目集投资而完成的初始量级成本估算，会被用作项目集预算的基础。项目集预算包括交付项目集收益所需要的全部项目集成本。项目集预算在组件层级进行估算，再在项目集层级整合。

组织可能使用各种方法来估算项目集成本，包括使用复杂的财务模型。我们将使用自下而上的方法来举例说明如何估算项目集预算。自下而上预算法包括估算出组件成本并在项目集层级对它们进行合并，从而计算出项目集预算。项目集预算估算会使用到各种财务信息，包括组件成本、项目集运营管理成本，以及移交项目集给持续运营的移交成本。重要的是，要注意到项目集成本的绝大部分是由组件引发的，而非项目集本身。

项目集预算起着充当项目集成本基准的作用。作为项目集预算基准的一部分，它应该包含充分详细的组件成本信息，从而使项目集成本得以被跟踪。项目集经理要建立机制来按预算交付项目集。这些机制包括跟踪实际的项目集成本，把它们与预算和预测进行比较，从而计算出预算和预测偏差。

为了准确地估算成本，实际项目集成本应该在组件层级和单元层级（如资源、资本消耗、固定资产及有形资产等）予以跟踪。为了跟踪单元层级的成本，组织会利用一些系统和工具，包括 Microsoft Server、会计系统、Excel 表格及 Access 数据库等。

今天，很多组织所面临的一个挑战是财务流程以项目为中心，而非以项目集为中心（比如，被跟踪的实际情况和所建立的预测都是在组件层级的）。对财务管理而言，以项目为中心的方法会给项目集的汇总设置困境，从而限制项目集和组件层级的偏差分析。因此，对项目集管理而言，至关重要的是需要有个工具能够把组件财务状况汇总成项目集的财务状况。

我们将继续使用呼叫中心流程改进项目集案例来举例说明项目集预算的计算过程。前面提到过，呼叫中心流程改进项目集包括 4 个组件——项目 1 提升呼叫响应质量、项目 2 缩短呼叫响应时间、项目 3 在所有呼叫中心实施项目 1 和项目 2，以及项目集运营管理。项目集预算的计算开始于估算每个组件的成本、历时和开始日期：

- 项目 1 提升呼叫响应质量的成本是 65 000 美元，项目 1 开始于 2016 年 10 月 3 日，历时 3 个月。
- 项目 2 缩短呼叫响应时间的成本是 65 000 美元，项目 2 开始于 2017 年 1 月 2 日，历时 3 个月。
- 项目 3 在所有呼叫中心实施项目 1 和项目 2 的成本是 145 000 美元，项目 3 开始于 2017 年 4 月 3 日，历时 6 个月。
- 项目集运营管理的成本是 208 000 美元，项目集运营管理开始于 2016 年 10 月 3 日，历时 12 个月。

我们将使用表格举例说明项目集预算、预测和实际情况的计算。表格具有如下结构：

- 第 1 列登记呼叫中心流程改进项目集组件。
- 第 2 列记录组件总成本。

- 第3~14列列出使用月度组件预算(Monthly Component Budget, MCB)公式计算出的月度组件预算。
- 第1行定义为表头。
- 第2~5行列出项目集组件。
- 第6行记录以预算、预测和实际数字表展示的项目集总预算和月度预算，在本章后面部分介绍。
- 第7行记录以预算、预测和实际数字表展示的项目集季度预算，在本章后面部分介绍。

项目集时间线表列出所有的组件、总预算和历时，如表9-1所示。

表9-1 项目集时间线

呼叫中心流程改进项目集组件	组件总预算（美元）	项目集时间线											
		2016年			2017年								
		10月	11月	12月	1月	2月	3月	4月	5月	6月	7月	8月	9月
项目1：提升呼叫响应质量	6 5000	★											
项目2：缩短呼叫响应时间	6 500				★								
项目3：实施项目1和项目2	14 500							★					
项目集运营管理	20 800	★											
	48 300												

★表明项目开始
描绘项目历时

应用总组件成本和历时，我们可以用总组件成本除以历时的商来计算出月度组件预算。这个计算假定所有组件的预算都平均分配在每个组件的整个历时中。

在月度组件预算计算中所用变量定义如下：

- MCB代表月度组件预算。
- TC代表总成本。
- D代表历时。

月度组件预算用如下公式来计算：

$$MCB=TC/D$$

为了举例说明月度组件预算计算，我们来计算项目 1 的月度组件预算。项目 1 的预算为 65 000 美元，历时 3 个月。项目 1 的月度组件预算为 21 667 美元，计算如下：

$$MCB=65\,000/3=21\,667\text{（美元）}$$

类似地，使用月度组件预算公式，我们可以计算所有组件的月度组件预算，如下所示：

- 项目 1（提升呼叫响应质量）月度组件预算为 21 667 美元。
- 项目 2（缩短呼叫响应时间）月度组件预算为 21 667 美元。
- 项目 3（实施项目 1 和项目 2）月度组件预算为 24 167 美元。
- 项目集运营管理月度组件预算为 17 333 美元。

表 9-2 列出了所有组件、月度组件预算和历时。

表 9-2 项目集预算

呼叫中心流程改进项目集组件	组件总预算（美元）	项目集预算											
		2016 年			2017 年								
		10 月	11 月	12 月	1 月	2 月	3 月	4 月	5 月	6 月	7 月	8 月	9 月
项目 1：提升呼叫响应质量	65 000	21 667	21 667	21 667									
项目 2：缩短呼叫响应时间	65 000				21 667	21 667	21 667						
项目 3：实施项目 1 和项目 2	145 000							24 167	24 167	24 167	24 167	24 167	24 167
项目集运营管理	208 000	17 333	17 333	17 333	17 333	17 333	17 333	17 333	17 333	17 333	17 333	17 333	17 333
	483 000	39 000	39 000	39 000	39 000	39 000	39 000	41 500	41 500	41 500	41 500	41 500	41 500
				117 000			117 000			124 500			124 500

使用所有组件的月度组件预算，我们可以计算月度、季度和总体项目集预算。月度项目集预算即把所有在行组件的月度组件预算加起来。比如，1 月，项目集月度预算为 39 000 美元，它是用项目 1 的月度组件预算 21 667 美元加上项目集运营管理的月度预算 17 333 美元得到的。

季度项目集预算是把所有在行组件的季度组件预算加起来算得的。比如，在一季度，项目集预算通过汇总 1 月、2 月和 3 月的项目集预算而得出，等于 117 000 美元。最后，项目集总预算用加总所有月度或者季度组件预算来计算。比如，项目集总预算是把月度项目集预算从 1 月到 12 月加总在一起来计算的，或者把项目集季度预算加总在一起，等于 483 000 美元。

月度组件预算公式是假定所有组件的预算都平均分配在组件的整个历时中。这个方法并不总是准确的，因为组件工作可能执行得不那么稳定。可能有某些时期工作紧张，则成本更高些，而某些时间工作节奏慢些，成本也低些。在单元层级跟踪实际成本能够帮助考虑成本偏差。单元成本明细可用来研究预算和预测偏差，进而制订减轻计划。同时，单元成本明细也能用来证明新增资本请求的合理性。

在项目集定义阶段，关于项目集成本，项目集经理的信息很有限（如不是所有的组件成本都能被识别出）。由于项目集通常都会有很长的历时，初始成本估算需要定期更新。在收益交付阶段伴随着得到更多信息，项目集经理能使用预测更加准确地重新计算项目集成本，这在后面章节中将有所描述。

↘ 项目集收益交付阶段

由于收益阶段是反复迭代的，项目集经理要定期使用组件成本的新信息来更新项目集预测。项目集预测是一个重复发生的估算项目集未来成本的过程。项目集预测要考虑贯穿整个项目集收益交付阶段的所有新的可利用信息。项目集预测的产物就是月度组件预算成本，即预测的在某个既定月份中要提交组件收益将要花费的资金数量。

项目集预测的频次依赖项目集规模，一种良好的实践是计算项目集预测的时间越靠近工作开始时间越好。大型项目集的预测应该每周或每两周实施一次，小型项目集的预测则应该每月实施一次。

为了举例说明项目集预测过程，我们回到呼叫中心流程改进项目集这个案例上来。项目 2 识别出一个增加范围的需求：调研不同呼叫类型的大致呼叫响应时间。项目集经理估算新增的调研需要 100 小时，小时费率 100 美元，从而导致成本增加 10 000 美元。因此，项目 2 的预测就从初始预算的 65 000 美元增加到 75 000 美元。类似于预算，项目集经理估算项目 2 的预测也应该平均分配在该项目的整体历时中，并且确认所有其他组件的预测也同样如此。由于一个组件的预测增加了，项目集总预测也会增加，如表 9-3 所示。

表 9-3　项目集预算与预测

呼叫中心流程改进项目集组件	组件总预算与预测成本（美元）	项目集预算			项目集预测								
		2016 年			2017 年								
		10 月	11 月	12 月	1 月	2 月	3 月	4 月	5 月	6 月	7 月	8 月	9 月
项目 1：提升呼叫响应质量	65 000	21 667	21 667	21 667									
项目 2：缩短呼叫响应时间	75 000				25 000	25 000	25 000						
项目 3：实施项目 1 和项目 2	145 000							24 167	24 167	24 167	24 167	24 167	24 167
项目集运营管理	208 000	17 333	17 333	17 333	17 333	17 333	17 333	17 333	17 333	17 333	17 333	17 333	17 333
	493 000	39 000	39 000	39 000	42 333	42 333	42 333	41 500	41 500	41 500	41 500	41 500	41 500
				117 000			127 000			124 500			124 500

在项目集收益交付阶段，项目集经理以每月为基础跟踪组件实际成本。项目集实际跟踪过程是在组件层面获取实际项目集成本并得出项目集总成本的重复发生的过程。月度组件实际成本是在指定月份中要交付组件收益所花费的资金数量。组件的实际月度成本加总来计算出项目集的总体实际月度成本。

在这个阶段，项目集经理的关键职责是确保实际项目集成本不要超出项目集预算和预测。项目集经理要跟踪、监督和控制项目集资金与花费。项目集治理委员会对项目集资金和开支的跟踪、监督和控制提供监管。典型的财务管理活动包括：

- 识别会对预算基准造成变更的因素。
- 为潜在的影响监督环境因素。
- 当变更发生时加以管理。
- 监督成本在组件间重分配的影响和结果。
- 监督合同开支来确保合同资金支付。
- 实施挣值管理，包括预算和预测偏差的计算与分析。
- 识别超负荷或低负荷运转对项目集组件的影响。
- 与治理团队及项目集和组件层级的审计人员沟通对财务基准的变更。
- 管理对项目集基础设施的开支来确保成本在预期指标之内。

这些活动对确保项目集在批准预算内交付所有收益是至关重要的。项目集经理使用挣值管理——一种项目集管理技术，来客观地测量项目集绩效与进展情况。项目集挣值管理包括计算预算和预测偏差，把实际项目集成本与预算和预测进行对比。

预算偏差是项目集预算与实际成本间的差额。当实际项目集成本低于预算时，预算偏差是有利的；当实际项目集成本高于预算时，预算偏差就是不利的。

在预算偏差计算中使用的变量定义如下：

- BV 代表预算偏差。
- PA 代表实际项目集成本。
- PB 代表项目集预算。

预算偏差计算应用的公式：

$$BV=(PB-PA)/PB$$

预测偏差是项目集预测与实际成本间的差额。当实际项目集成本低于预测时，预测偏差是有利的；当实际项目集成本高于预测时，预测偏差就是不利的。

在预测偏差计算中使用的变量定义如下：

- FV 代表预测偏差。
- PA 代表实际项目集成本。
- PF 代表项目集预测。

预测偏差应用的计算公式：

$$FV=(PF-PA)/PF$$

公司会为预算偏差和预测偏差建立允差范围，通常在 ± 3%~ ± 5%。作为项目集月度财务过程的一部分，预算偏差和预测偏差要每月计算。对于大型项目集，可能每周都要做比较。所有的偏差都应该被证明其合理性，并可能招致审计和项目集治理委员会的监管。

使用呼叫中心过程改进项目集，我们来举例说明实际的项目集成本跟踪过程。项目 1 提升呼叫响应质量的总预算是 65 000 美元，月度项目预算为 21 667 美元。1 月，项目 1 的实际成本等于预算，是 21 667 美元。2 月和 3 月，项目 1 的实际成本高于预算，分别为 24 000 美元和 22 000 美元。因此，项目 1 的实际总成本为 67 667 美元，即把 1 月、2 月和 3 月的实际成本 21 667 美元、24 000 美元和 22 000 美元加总在一起算得的，如表 9-4 所示。

表 9-4　项目集实际成本与预测

呼叫中心流程改进项目集组件	组件总实际成本与预测（美元）	项目集实际成本			项目集预算								
		2016 年			2017 年								
		10 月	11 月	12 月	1 月	2 月	3 月	4 月	5 月	6 月	7 月	8 月	9 月
项目 1：提升呼叫响应质量	67 667	21 667	24 000	22 000									
项目 2：缩短呼叫响应时间	75 000				25 000	25 000	25 000						
项目 3：实施项目 1 和项目 2	145 000							24 167	24 167	24 167	24 167	24 167	24 167
项目集运营管理	208 000	17 333	17 333	17 333	17 333	17 333	17 333	17 333	17 333	17 333	17 333	17 333	17 333
	495 667	39 000	41 333	39 333	42 333	42 333	42 333	41 500	41 500	41 500	41 500	41 500	41 500
				119 667			127 000			124 500			124 500

相比于预算，项目 1 在 2 月和 3 月实际成本的增加导致了–4%的预算偏差，是使用预算偏差公式计算的：

BV=（65 000–67 667）/ 65 000=–4%

由于一个组件的实际成本增加，从而项目集总实际成本也增加了。项目集一季度预算为 117 000 美元，而实际项目集成本是 119 667 美元。这导致了项目集–2%的预算偏差，用来计算预算偏差的公式为：

BV=（117 000– 119 667）/ 117 000=–2%

如果项目集的预算偏差为零，则不需要进一步采取措施。如果项目集有正的或者负的预算偏差，都需要更加细致的分析来确定原因。一旦预算偏差的原因被确定下来，项目集经理就要制定和实施减轻策略来确保项目集按预算交付收益。

如果预测显示项目集需要额外资金，项目集经理就要准备变更请求。变更请求是一份文件，列出了对初始的项目集范围、时间线或预算所要做的变更，并提供正当理由以帮助决定采取适当的行动。希望获取额外资金的变更请求要列出相较于成本而言额外的收益。获取额外资金的变更请求示例包括资源费率增长、增加范围及增加新资源。CFO 和项目集治理委员会评审变更请求并决定采取适当的行动。项目集成本显著增加可能就无法再满足商业论证，从而导致项目集被取消。如果预测显示还有更多资金富余，项目集经理要与 CFO 合作来决定对这些富余资金的使用。

在呼叫中心流程改进项目集中，项目 2 缩短呼叫响应时间的预测从 65 000 美元提升到 75 000 美元，或说提升了 15%。这个提升的合理性在于增加了范围来调研不同呼叫类型的呼叫响应时间。这个调研将增加 100 小时工作量，费率为 100 美元。使用这个信息，项目集经理就可以准备增加额外资金 10 000 美元的变更请求，并且包括正当理由。项目集经理把变更请求提交给 CFO 和项目集治理委员会进行评审和决定采取适当的行动。

项目集收尾过程

在项目集收尾阶段，项目集经理要实施最终的财务分析。该分析包括把项目集完成时的实际数据与预算和预测对比，从而计算出最终的预算偏差和预测偏差。如果预算和预测偏差等于零，项目集经理则无须采取进一步措施。

如果预算和预测偏差是负的，项目集经理要采取终项分析来解释此偏差。如果预算和预测偏差是正的，项目集经理则要估算出未使用的资金量，并与 CFO 和项目集治理委员会合作来决定未来对富余资金的使用。

项目集终项财务文件可能被用来计算维持项目集收益的成本，并把它们移交给持续运营部门。项目集经理要在指定的存储位置（如门户网站）存储所有的项目集终项财务文件。

有效的项目集资源管理

资源管理允许确定资源需求、获取资源，确保资源能按时、满足质量标准地交付项目集收益，以及在项目集结束时资源离场。资源管理最终使项目集能按时按预算执行。

项目集层面的资源管理不同于组件层面的资源管理，项目集经理需要在不确定的边界范围内工作，并且平衡他所负责的各个组件的需求。项目集资源管理确保项目经理在必要时都能获取所需的资源，从而使他们的项目能够为项目集交付收益。

资源管理在整个项目集生命周期中都会发生，并在项目集和组件层面都要进行。资源管理开始于定义阶段，在项目集层面进行资源规划。在收益交付期间会持续，在组件层面进行资源管理，并且在项目集层面进行资源排序和依赖关系管理。资源管理结束于收尾阶段，在组件层面资源离场，在项目集层面则要予以监管。

↘ 项目集定义阶段

资源管理开始于在项目集层面进行的资源规划。项目集经理进行资源规划，该活动确定资源需求并且确定资源何时被需要的时间表。资源规划还涉及确认现有资源和识别额外资源的需求。

项目集经理要分析资源的可用性，并且了解资源跨组件的分配情况，以便确保资源不会被过度承诺。历史信息可以被用来确定相似的项目和项目集所需的资源类型。项目集经理收集数据并进行详细计算来估算出该项目集的资源需求。后续章节将进一步阐述。

项目集经理要制定资源要求并创建资源计划。资源要求是一个文件，列出了资源需求并且定义出资源将在项目集中承担什么角色。资源计划则包括资源规划并记录与资源有关的所有信息，包括他们将在项目集中担当的角色，以及他们何时入场、何时离场。一旦资源规划完成，项目集经理就要和项目集治理委员会一起评审它，并且获得委员会的批准。

↘ 项目集收益交付阶段

发生在项目集收益交付阶段的资源管理是个反复迭代的过程。资源管理在组件层面进行，在项目集层面监管。组件的项目经理加载资源，监督资源日常的工作，确保资源按时执行他们的任务，并且产出并交付质量文档。组件项目经理要使用资源偏差分析来识别出过度使用和未充分使用的资源。下一节将进行阐述。

项目集经理在项目集层面监督资源的使用情况，排列资源优先级顺序，并且管理资源的相互依赖关系。资源的优先级排序允许项目集经理优先排序那些无法充分获取到的资源，从而优化在项目集内所有组件间对他们的使用。在项目集执行期间，类似于经济学中的供应与需求，资源的需求是变化的。项目集经理管理项目集层面的资源，并与在组件层面管理资源的组件项目经理合作，平衡项目集需求和资源可用性。

资源通常是在项目集内不同组件间共享的，项目集经理要发挥作用来确保相互间的依赖关系不会导致收益交付的延迟。这是通过小心控制稀缺资源的进度计划来实现的。项目集经理要确保当前项目集不再需要某些资源时，释放给其他项目集。

↘ 项目集收尾阶段

资源管理的完成在组件层面进行，并在项目集层面监管。当所有项目集收益都被实现后，组件项目经理进行资源离场。组件项目经理也会实施最终的偏差分析，与预算对比实际的资源使用情况，来确定资源是按计划使用的，还是有正的或负的偏差。下一节将进行阐述。

项目集经理监管资源离场并确保资源得以被移交给其未来的任务。项目集经理关闭资源计划，并把它和终项资源偏差分析结果一起提交给项目集治理委员会。

资源预测、估算和实绩跟踪

项目集资源的估算、预测和实绩跟踪及资源制约管理，都是要在项目集生命周期中进行的基本过程。接下来，我们将详细地验证在项目集每个阶段要进行的活动。

↘ 项目集定义阶段

使用预算，项目集经理要计算完成工作所需的预算工时，并估算资源需求。基于这个计算，项目集经理定义出资源的角色与职责，并准备一份进度计划。项目集经理把所有这些内容提交给执行发起人和项目集治理委员会批准。收到批复后，项目集经理获取资源并组织资源进场。

使用呼叫中心流程改进项目集示例，我们来看一下计算项目集预算工时和资源的步骤。呼叫中心流程改进项目集包括四个组件：

- 项目 1 提升呼叫响应质量。
- 项目 2 缩短呼叫响应时间。
- 在所有呼叫中心实施项目 1 和项目 2。
- 贯穿项目集生命周期的项目集运营管理。

月度组件预算工时用月度组件预算除以资源小时费率的商求得。类似于月度组件预算的计算，这个计算假定所有组件的工时在整个组件历时内是平均分配的。

在月度组件预算工时计算中使用的变量定义如下：

- MCBH 代表月度组件预算工时。
- MCB 代表月度组件预算，同上一节中的定义。
- HR 代表资源小时费率。

月度组件预算工时计算使用下面的公式：

$$MCBH=MCB/HR$$

像前面章节中计算的一样，呼叫中心流程改进项目集四个组件的月度组件预算：

- 项目 1 提升呼叫响应质量的月度组件预算是 21 667 美元。
- 项目 2 缩短呼叫响应时间的月度组件预算是 21 667 美元。
- 实施项目 1 和项目 2 的月度组件预算是 24 167 美元。
- 项目集运营管理的月度组件预算是 17 333 美元。

在本节的所有运算，我们都假定所有资源的小时费率是 100 美元。

为了举例说明月度组件预算工时的计算，我们来计算项目 1 的预算工时。项目 1 的月度预算为 21 667 小时。使用月度组件预算工时公式，我们可以算出月度组件预算工时等于 217 小时，计算如下：

$$MCBH= 21\ 667/ 100=217（小时）$$

使用相同的月度组件预算工时公式，我们可以算出所有组件的月度组件预算工时：

- 项目 1 提升呼叫响应质量的月度组件预算工时为 217 小时。
- 项目 2 缩短呼叫响应时间的月度组件预算工时为 217 小时。
- 实施项目 1 和项目 2 的月度组件预算工时为 242 小时。
- 项目集运营管理的月度组件预算工时为 173 小时。

我们将使用表 9-5 举例说明月度组件预算工时和项目集月度、季度及总工时计算。该表的结构在前面章节中已经描述过。

表 9-5　项目集预算工时

呼叫中心流程改进项目集组件	组件总工时（小时）	项目集预算工时（小时）											
		2016 年			2017 年								
		10 月	11 月	12 月	1 月	2 月	3 月	4 月	5 月	6 月	7 月	8 月	9 月
项目 1：提升呼叫响应质量	650	217	217	217									
项目 2：缩短呼叫响应时间	650				217	217	217						
项目 3：实施项目 1 和项目 2	1 400							242	242	242	242	242	242
项目集运营管理	2 080	173	173	173	173	173	173	173	173	173	173	173	173
	4 830	390	390	390	390	390	390	415	415	415	415	415	415
				1 170			1 170			1 245			1 245

月度项目集预算工时是把所有激活组件的月度组件预算工时加总在一起来计算的。比如，在 1 月，月度项目集预算工时是用项目 1 的 217 小时预算工时加上项目集运营管理的 173 小时预算工时，等于 390 小时预算工时。

季度项目集预算工时是把季度组件预算工时加起来计算的。比如，第一季度项目集预算工时是用 1 月、2 月和 3 月的项目集预算工时加总求和来计算的，等于 1 170 小时预算工时。最后，总项目集预算工时由所有月度或季度的组件预算工时加总算出。比如，总项目集预算工时计算由 1—12 月的项目集预算工时求和，或者把一季度到四季度的项目集预算工时求和，等于 4 830 小时预算工时。

使用月度组件预算工时，我们可以计算交付项目集收益所需的资源。月度组件预算资源是用月度组件预算工时数除以某个月的工作小时数的商来算得的。类似于月度组件预算工时的计算，这个计算也假定所有组件的资源都是平均分配在组件的整体历时中。

在月度组件预算资源计算中使用的变量定义如下：

- MCBR 代表月度组件预算资源。
- MCBH 代表月度组件预算工时，同本节前面定义。
- WHM 代表某个月份中的工作小时数。

月度组件预算资源使用下列公式进行计算：

MCBR=MCBH/WHM

在本章中的所有计算，我们都假定每月工作 160 小时。

为了举例说明月度组件预算资源的计算，我们来计算一下项目 1 的预算资源。项目 1 的月度预算工时等于 217 小时。使用月度组件预算资源公式，我们可以算出项目 1 的月度组件预算资源等于 1.4，计算过程展示如下：

MCBR=217/160=1.4

使用月度组件预算工时公式，我们可以算出所有组件的月度组件预算资源：

- 项目 1 提升呼叫响应质量的月度组件预算资源为 1.4。
- 项目 2 缩短呼叫响应时间的月度组件预算资源为 1.4。
- 实施项目 1 和项目 2 的月度组件预算资源为 1.5。
- 项目集运营管理的月度组件预算资源为 1.1。

表 9-6 是项目集预算资源表，列出了所有的月度组件预算资源和每月、季度及总体的项目集总预算资源。

表 9-6 项目集预算资源

呼叫中心流程改进项目集组件	组件总资源	项目集预算资源											
		2016 年			2017 年								
		10 月	11 月	12 月	1 月	2 月	3 月	4 月	5 月	6 月	7 月	8 月	9 月
项目 1：提升呼叫响应质量	4.1	1.4	1.4	1.4									
项目 2：缩短呼叫响应时间	4.1				1.4	1.4	1.4						
项目 3：实施项目 1 和项目 2	9.1							1.5	1.5	1.5	1.5	1.5	1.5
项目集运营管理	13.0	1.1	1.1	1.1	1.1	1.1	1.1	1.1	1.1	1.1	1.1	1.1	1.1
	30.2	2.4	2.4	2.4	2.4	2.4	2.4	2.6	2.6	2.6	2.6	2.6	2.6
				7.3			7.3			7.8			7.8

↘ 项目集收益交付阶段

在收益交付阶段，继完成项目集预测后，项目集经理要计算所需的预测工时和资源。这些计算会更加准确，因为他们要考虑到最新的信息，从而在整个项目集内得以优化资源分配。通常，项目集存在于矩阵组织中，资源会有双重或多重汇报关系。因此，资源可能有多重职责和冲突的优先级，项目集经理需要管理这个问题。后续章节我们会再考察资源的制约因素并讨论解决它们的方法。

月度组件预测工时数用月度组件预测与资源小时费率的商来求得。在月度组件预测工时计算中使用的变量定义如下：

- MCFH 代表月度组件预测工时。
- MCF 代表月度组件预测成本。
- HR 代表资源小时费率。

月度组件预测工时使用下列公式进行计算：

$$MCFH=MCF/HR$$

如前面计算过的，在呼叫中心过程改进项目集中四个组件的月度组件预测：

- 项目 1 提升呼叫响应质量的月度组件预测为 21 667 美元。

- 项目 2 缩短呼叫响应时间的月度组件预测为 25 000 美元。
- 实施项目 1 和项目 2 的月度组件预测为 24 167 美元。
- 项目集运营管理的月度组件预测为 17 333 美元。

我们仍然假定所有资源的小时费率为 100 美元。

为了举例说明月度组件预测工时的计算，我们使用月度组件预测工时的公式来计算项目 2 的预测工时：

$$\text{MCFH}=25\,000/100=250（小时）$$

组件 1 和组件 3 及项目集运营管理的月度组件预测工时等于预算，如表 9-7 所示。

- 项目 1 提升呼叫响应质量的月度组件预测工时为 217 小时。
- 项目 2 缩短呼叫响应时间的月度组件预测工时为 250 小时。
- 实施项目 1 和项目 2 的月度组件预测工时为 242 小时。
- 项目集运营管理的月度组件预测工时为 173 小时。

表 9-7 项目集预算与预测工时

呼叫中心流程改进项目集组件	组件总工时（小时）	项目集预算工时(小时)			项目集预测工时（小时）								
		2016 年			2017 年								
		10 月	11 月	12 月	1 月	2 月	3 月	4 月	5 月	6 月	7 月	8 月	9 月
项目 1：提升呼叫响应质量	650	217	217	217									
项目 2：缩短呼叫响应时间	750				250	250	250						
项目 3：实施项目 1 和项目 2	1 450							242	242	242	242	242	242
项目集运营管理	2 080	173	173	173	173	173	173	173	173	173	173	173	173
	4 930	390	390	390	423	423	423	415	415	415	415	415	415
				1 170			1 270			1 245			1 245

算出月度组件预测工时后，我们可以计算月度预测资源。月度组件预测资源是用月度组件预测工时与某个月的工作小时数的商来求得的。

在月度组件预测资源计算中使用的变量定义如下：

- MCFR 代表月度组件预测资源。

- MCFH 代表月度组件预测工时。
- WHM 代表某个月份中的工作小时数。

月度组件预测资源使用下列公式进行计算：

$$MCFR=MCFH/WHM$$

我们继续假定一个月工作 160 小时。

项目 2 的组件月度预测工时等于 250 小时，使用月度组件预测资源公式，组件 2 的月度组件预测资源为 1.6，计算如下：

$$MCFR=250/160=1.6$$

使用月度组件预测资源公式，我们可以计算所有组件的月度组件预测资源：

- 项目 1 提升呼叫响应质量的月度组件预测资源为 1.4。
- 项目 2 缩短呼叫响应时间的月度组件预测资源为 1.6。
- 实施项目 1 和项目 2 的月度组件预测资源为 1.5。
- 项目集运营管理的月度组件预测资源为 1.1。

表 9-8 列出了所有组件的月度组件预测资源和每月、季度和总体项目集总预测资源。

表 9-8　项目集预算与预测资源

呼叫中心流程改进项目集组件	组件总资源	项目集预算资源			项目集预测资源								
		2016 年			2017 年								
		10 月	11 月	12 月	1 月	2 月	3 月	4 月	5 月	6 月	7 月	8 月	9 月
项目 1：提升呼叫响应质量	4.1	1.4	1.4	1.4									
项目 2：缩短呼叫响应时间	4.7				1.6	1.6	1.6						
项目 3：实施项目 1 和项目 2	9.1							1.5	1.5	1.5	1.5	1.5	1.5
项目集运营管理	13.0	1.1	1.1	1.1	1.1	1.1	1.1	1.1	1.1	1.1	1.1	1.1	1.1
	30.8	2.4	2.4	2.4	2.6	2.6	2.6	2.6	2.6	2.6	2.6	2.6	2.6
				7.3			7.9			7.8			7.8

使用月度组件预测工时和资源，我们可以计算月度、季度和总体项目集预测工时和资源，如前面章节所描述的。

在整个项目集收益交付阶段，项目集经理都要跟踪项目集实际工时和资源。项目集经理把实际工时和资源量与预算和预测进行比较，算出表明项目集执行与计划间偏离情况的预算偏差和预测偏差，调查偏差原因并确定风险减轻计划。

月度组件实际工时用月度组件实际成本与资源小时费率的商来算得。在月度组件实际工时计算中使用的变量定义如下：

- MCAH 代表月度组件实际工时。
- MCA 代表月度组件实际成本。
- HR 代表资源小时费率。

月度组件实际工时用下列公式来计算：

$$MCAH=MCA/HR$$

项目 1 的总预算是 65 000 美元，月度项目总预算是 21 667 美元。1 月，项目 1 的实际成本等于预算，是 21 667 美元。2 月和 3 月，项目 1 的实际成本高于预算，分别是 24 000 美元和 22 000 美元。因此项目 1 的总实际成本为 67 667 美元，把 1 月、2 月和 3 月的实际成本汇总在一起算出（21 667 美元、24 000 美元和 22 000 美元）。

使用月度组件实际工时公式，我们可以算出 1 月的月度组件实际工时：

$$MCAH= 21\,667/ 100=217（小时）$$

项目 1 的 2 月和 3 月实际工时分别为 240 小时和 220 小时，如表 9-9 所示。

表 9-9 项目集实际与预测工时

呼叫中心流程改进项目集组件	组件总工时（小时）	项目集实际工时(小时)			项目集预测工时（小时）								
		2016 年			2017 年								
		10 月	11 月	12 月	1 月	2 月	3 月	4 月	5 月	6 月	7 月	8 月	9 月
项目 1：提升呼叫响应质量	677	217	240	220									
项目 2：缩短呼叫响应时间	750				250	250	250						
项目 3：实施项目 1 和项目 2	1 450							242	242	242	242	242	242
项目集运营管理	2 080	173	173	173	173	173	173	173	173	173	173	173	173
	4 957	390	390	390	423	423	423	415	415	415	415	415	415
				1 197			1 270			1 245			1 245

算出月度组件实际工时后，我们可以计算月度实际资源。月度组件实际资源用月度组件实际工时与某个月的工作小时数的商求得。

在月度组件实际资源计算中使用的变量定义如下：

- MCAR 代表月度组件实际资源。
- MCAH 代表月度组件实际工时。
- WHM 代表某个月的工作小时数。

月度组件实际资源使用下列公式进行计算：

$$MCAR=MCAH/WHM$$

项目 1 的月度实际工时为 250 小时，使用月度组件实际资源公式，项目 1 在 1 月的月度组件实际资源为 1.4 个资源，计算过程如下：

$$MCAR=217/160=1.4$$

项目 1 的 2 月和 3 月实际资源分别为 1.5 和 1.4，如表 9-10 所示。

表 9-10　项目集实际与预测资源

呼叫中心流程改进项目集组件	组件总资源	项目集实际资源			项目集预测资源								
		2016 年			2017 年								
		10 月	11 月	12 月	1 月	2 月	3 月	4 月	5 月	6 月	7 月	8 月	9 月
项目 1：提升呼叫响应质量	4.2	1.4	1.5	1.4									
项目 2：缩短呼叫响应时间	4.7				1.6	1.6	1.6						
项目 3：实施项目 1 和项目 2	9.1							1.5	1.5	1.5	1.5	1.5	1.5
项目集运营管理	13.0	1.1	1.1	1.1	1.1	1.1	1.1	1.1	1.1	1.1	1.1	1.1	1.1
	31.0	2.4	2.6	2.5	2.6	2.6	2.6	2.6	2.6	2.6	2.6	2.6	2.6
				7.5			7.9			7.8			7.8

就像前面章节描述的一样，使用月度组件实际工时和资源，我们可以计算月度、季度和总体项目集实际工时和资源。

在算出预算的、预测的和实际的工时和资源后，项目集经理进行预算和预测工时与资源偏差分析来了解工时和资源的使用是否在按计划进行。作为项目集月度财务过程的一部分，预算工时和资源及预测工时和资源的偏差都要每月进行计算。所有的偏差都要证明其合理性，并可能招致审计和项目集治理委员会的监管。

预算工时偏差是预算工时与实际工时间的差值。当实际工时低于预算工时时，预算工时偏差是有利的；当实际工时大于预算工时时，预算工时偏差是不利的。

在预算工时偏差计算中使用的变量定义如下：

- BHV 代表预算工时偏差。
- AH 代表实际工时。
- BH 代表预算工时。

预算工时偏差使用下列公式进行计算：

$$BHV=BH-AH$$

比如，使用预算工时偏差公式，我们可以计算项目 2 在 4 月的预算工时偏差：

$$BHV=217-250=-33（小时）$$

项目 2 的预算工时偏差是负的，意味着和预算工时相比，预测工时将要增加 33 小时。

预算资源偏差是预算资源与实际资源间的差值。当实际资源低于预算资源时，预算资源偏差是有利的；当实际资源大于预算资源时，预算资源偏差是不利的。

在预算资源偏差计算中使用的变量定义如下：

- BRV 代表预算资源偏差。
- AR 代表实际资源。
- BR 代表预算资源。

预算资源偏差使用下列公式进行计算：

$$BRV=BR-AR$$

比如，使用预算资源偏差公式，我们可以计算项目 2 在 4 月的预算资源偏差：

$$BRV=1.4-1.6=-0.2$$

项目 2 的预算资源偏差是负的，意味着和预算资源相比，预测资源将要增加 0.2 个。

如果项目集的预算工时和资源偏差为零，不需要采取任何措施。如果项目集有正的或者负的工时和资源预算偏差，就要详细地进行分析以确定原因。一旦确定了预算工时和资源偏差的原因，项目集经理就要制定和实施减轻策略，来确保项目集收益能够按预算交付。

预测工时偏差是预测工时与实际工时间的差值。当实际工时低于预测工时时，预测工时偏差是有利的；当实际工时大于预测工时时，预测工时偏差是不利的。

在预测工时偏差计算中使用的变量定义如下：

- FHV 代表预测工时偏差。
- AH 代表实际工时。
- FH 代表预测工时。

预测工时偏差使用下列公式进行计算：

FHV=FH−AH

比如，使用预测工时偏差公式，我们可以计算项 1 在 2 月的预测工时偏差：

FHV=217−240=−23（小时）

项目 1 的预测工时偏差是负的，意味着和预算工时相比，预测工时将要增加 23 小时。

预测资源偏差是预测资源与实际资源间的差值。当实际资源低于预测资源时，预测资源偏差是有利的；当实际资源大于预测资源时，预测资源偏差是不利的。

在预测资源偏差计算中使用的变量定义如下：

- FRV 代表预测资源偏差。
- AR 代表实际资源。
- FR 代表预测资源。

预测资源偏差使用下列公式进行计算：

FRV=FR−AR

比如，使用预测资源偏差公式，我们可以计算项目 1 在 2 月的预测资源偏差：

FRV=1.4−1.5=−0.1

项目 1 的预测资源偏差是负的，意味着和预算资源相比，预测资源将要增加 0.1 个。

如果项目集的预测工时和资源偏差为零，则不需要采取任何措施。如果项目集有正的或者负的工时和资源预测偏差，就要详细地进行分析以确定原因。一旦确定了预测工时和资源偏差的原因，项目集经理就要准备变更请求来获取额外资源，或者与 CFO 和项目集治理委员会合作为离场资源确定未来的指派任务。

↘ 项目集收尾阶段

在项目集收尾阶段，项目集经理要把已交付的收益移交给持续运营部门，资源离场，并且要实施最终的工时与资源分析。这个分析包括把完成时的实际工时和资源量与预算的和预测的工时和资源量相比较，从而计算出最终的预算和预测的工时与资源偏差。如果预算和预测的工时与资源偏差等于零，项目集经理无须采取任何措施。

如果预算和预测的工时和资源偏差是负的，项目集经理要进行最终的分析来解释此偏差。如果预算和预测的工时与资源偏差是正的，项目集经理要计算出未使用的资金，并与 CFO 和项目集治理委员会合作决定日后对富余资金的使用。

项目集最终的财务文档可以被用来计算保持项目集收益的成本，并且要把它们移交给持续运营部门。项目集经理要将所有的项目集最终财务文档存储在指定的存储位置（如 SharePoint 站点）。

第 10 章

项目集管理行业的现状和未来

在本章中，我们将讨论项目集管理行业的现状和未来。为了能理解这个行业如何才能成长，以及它在哪里能够改进，我们要考察项目集管理行业的当前状态，聚焦现存差距。由于项目集管理行业在全球范围内运行，我们要讨论全球环境和未来趋势。我们试图使用项目集管理行业的当前状态和全球环境的未来趋势，来定义项目集管理行业的未来状态。

本章包括以下部分：

- 项目集管理行业的现状。
- 项目集管理行业的未来。

项目集管理行业的现状

当下对项目集管理行业进行的分析非常有限。项目集管理行业分析常常包括在项目管理行业分析中。比如，项目管理协会发布的《职业脉搏调查®》。这份调查报告中非常关注项目管理行业，对项目集管理行业的分析和数据则非常有限。我们会使用项目管理行业分析并把它应用于项目集管理行业分析，来识别项目集管理行业当前的差距，如表 10-1 所示。我们假定项目管理行业趋势能说明项目集管理行业的趋势。

表 10-1　项目集管理行业当前差距

<table>
<tr><th></th><th>项目集管理行业差距</th><th>项目管理与项目集管理行业统计</th></tr>
<tr><td rowspan="4">项目集管理行业发展与成熟度</td><td>在美国及全世界范围内项目集管理行业实现了一定的成长</td><td>当前，在美国至世界范围内还不存在有效的统计来量化项目集管理行业的当前状态与未来发展情况</td></tr>
<tr><td>拥有高项目集管理成熟度的组织占比还很低。项目集管理连续体显示，组织结构高度不同，从项目导向型到项目集导向型均有分布</td><td>过去六年中拥有高项目管理成熟度水平的组织百分比没有变化。在组织中，项目集管理和项目组合管理二者职能平等，仅有 1/6 的组织就其中任意一项体现出高成熟度。
项目集管理成熟度在高绩效组织中体现为 40%，在低绩效组织中为 8%</td></tr>
<tr><td>组织对项目集管理的价值理解有限</td><td>只有超过半数的组织充分理解项目管理的价值，该数字在过去五年中保持不变</td></tr>
<tr><td>只有很少的组织有很高的收益实现成熟度</td><td>近三年的统计显示，体现出高收益实现成熟度水平的组织占 17%。在收益实现方面体现出低成熟度水平的组织占比有上升趋势——接近 2/5 体现出成熟度水平很低</td></tr>
</table>

续表

	项目集管理行业差距	项目管理与项目集管理行业统计
项目集战略一致性	仅有很少的组织体现出项目集与组织战略保持一致	低于半数的组织展现出项目与组织战略的高度一致性，近三年来这一数值相当稳定。 与2015年相比，组织还展现出它们被设计用来明确达成战略的战略倡议型项目更少了，从2015年的54%的项目是战略型项目下降到当前平均48%的项目是战略型项目
	不是所有的组织都有项目集管理办公室，没有项目集管理办公室的组织并不认同项目集管理办公室在项目集与组织战略保持一致中的战略角色	整个公司范围内项目集管理办公室与战略保持一致的组织，体现出超过27%的项目得以成功实施，且范围蔓延的项目少于42%。调查显示，低于半数的组织拥有组织级的项目集管理办公室，而且仅44%的组织级项目集管理办公室能够与组织战略保持高度一致
	在有些组织中，执行发起人没能有效地参与到项目集中	与2015年相比，拥有积极发起人的组织项目平均占比有所下降，平均仅有59%的项目其执行发起人能积极参与其中
	仅有很少的组织体现出项目集经理的能力管理与组织的战略保持了一致	能力管理与组织战略保持一致的高绩效组织约是低绩效组织的两倍。 由于组织结构存在差别，项目集经理的角色从以管理为核心到以业务为核心都有
项目集管理行业标准化	项目集管理行业还没标准化	接近3/5的组织会在公司大部分甚至是整个公司内使用标准化的项目管理实践。但仅有1/4在整个组织范围内使用标准化的项目管理实践，比一年前下降了3个百分点
	在很多组织中，项目集经理能力还未被标准化	平均来看，能力不足明显阻碍了40%的战略实施工作。 从2012年起，提供项目管理工具培训、能力培养且拥有已定义好的职业路线的组织占比保持不变。只有低于一半的组织体现出拥有正式的知识移交过程，自2015年起下降了5%

续表

	项目集管理行业差距	项目管理与项目集管理行业统计
项目集管理行业标准化	项目集管理行业的工具没有被标准化，还是以项目为核心的	组织内及行业范围内应用于项目集管理的工具都还没有标准化。通常的工具都是以项目为核心的而非以项目集为核心
	项目集管理行业分析很有限，各个来源的行业数据差异明显	项目集管理行业的数据常常包括在项目管理行业数据中。比如，PMI 的《职业脉搏调查®》中包括项目集管理行业分析与项目管理行业分析
	项目集管理专业人士认证与项目管理认证相比，覆盖面还很小	2015 年 2 月，PMI 报告称仅有 1 200 名有效的项目集管理专业人士认证持证者，同年度，PMI 报告的有效项目管理专业人士认证持证者为 647 663 人

项目集管理行业的未来

项目集管理行业是在全球范围内运行的。所以，在考察该行业的未来状态看起来如何前，我们要先讨论一下全球商业环境可能发生的变化：

- 全球化将更上一层楼，会有更多的团队以虚拟团队的方式运行。
- 技术的进步将持续加速，提供了使散布在不同地理区域的团队能即时地连接在一起的平台。
- 管制可能放松，消除壁垒使得协作变得更加容易与高效。
- 敏捷方法会在项目集管理行业中获得更广泛的应用。

充满活力、快速变化而又复杂的商业环境持续强化着在项目、项目集和项目组合管理方面对卓越的需求。从本质上说，在组织文化中嵌入项目管理思想，可能创造出可持续的竞争优势。一个组织建立并保持成长壮大的能力依赖一些关键要素，包括拥有对项目积极主动的执行发起人，建立了与组织高度契合且高效的项目集管理办公室，以及贯穿整个组织都应用一致的、已标准化的项目管理实践。组织进一步认识到那些全能型、拥有深刻的战略洞察力、极力拥护知识开发与知识转化的人的价值，认为他们对绩效改进和竞争力而言至关重要。组织需要拥抱、重视和应用项目管理——不只是认可它，同时还要将它们的成功归因于它。

项目集管理行业的未来状态会受到全球商业环境变化的影响，通过逐渐消除该行业当前的差距来塑造成型。项目集管理行业未来的状态可能包括：

- 项目集管理行业的发展与成熟：
    - 项目集管理行业将在美国以至世界范围内发展。
    - 拥有高度项目集管理成熟度的组织数量会继续增长，会有更多组织以项目集为导向进行运营。
    - 理解项目集管理价值的组织数量将增加。
    - 一些拥有高度收益实现成熟度水平的组织将成长起来。
- 项目集战略一致性：
    - 与组织战略保持一致的项目集数量将增加。
    - 将有更多的组织会拥有项目集管理办公室，并认可它们在项目集保持与组织战略一致方面的战略角色。
    - 执行发起人积极参与项目集的组织数量会显著增加，有力地支持项目集与组织战略保持一致。
    - 很多组织会把项目集经理的人才管理与组织战略结合起来，始终如一地把项目集经理角色定义为业务项目集经理。
- 项目集管理行业的标准化：
    - 项目集管理行业将向标准化迈出关键步伐，包括消除当前的行业差距。
    - 在很多组织中，项目集经理能力将被标准化到业务项目集经理水平上。
    - 项目集管理行业工具也将被标准化并以项目集为核心。
    - 项目集管理行业分析将更加充分地理解行业趋势，度量指标将被标准化，项目集管理行业也将拥有自己的报告。

- 拥有项目集管理专业人士认证的项目集经理人数在美国以至全球都将显著增长，为项目集管理行业的标准化做出贡献。

日益复杂的未来竞争格局需要来自项目集管理行业的高速度。为了在快节奏的世界中繁荣发展，并有能力应对市场的快速变化，组织必须建立一种敏捷文化。

成功的组织都有共同的特征：快速回旋和实施的能力来获取竞争优势。我们把组织的敏捷度定义为快速应对变化或适应市场条件或其他外部因素的一种能力，包括应对新的竞争者、新兴的技术、客户需求及突发的经济与社会政治变革等。敏捷、增量、迭代式的项目管理工具与技术的应用，在这种场景中至关重要。根据 PMI2015 年的《职业脉搏调查®报告》，伴随着它们对项目和项目集的影响，这些工具和技术的应用也在与日俱增。

组织的敏捷度要求高效的沟通和适当的变更与风险管理。它可能不只包括敏捷和其他方法论中已经被广泛应用的项目管理工具与技术。事实上，敏捷式项目管理方法论和常规的项目管理可以也正在成功地并存着。

项目管理是把知识、技能、工具和技术应用于项目活动中，来满足项目的需求。敏捷方法允许团队一点一点地交付项目，从而能在需要时快速做出调整。但敏捷方法还无法完全替代管理一个项目。更确切地说，它常常被用作加速项目某个阶段的一种方法。

PMI 的《职业脉搏调查®》发现并指出，一个敏捷的组织最重要的特征包括灵活性和适应能力、开放的沟通、对变革的开放态度、充分授权的团队成员、体验式学习、快速的决策及强烈的客户关注。

在它们走向更加敏捷的旅程中，成功的组织要克服很多的障碍，包括缓慢的决策、不支持敏捷的文化心态、缺乏高管的参与/领导、部门间缺乏沟通，以及组织的愿景或战略不清晰。这些组织通过把组织敏捷度最重要的特征加以具体化的方法来克服这些障碍，比如：

- 灵活性与适应能力。
- 开放的沟通。
- 接受变革。
- 赋予授权的团队成员。
- 体验式学习的机会。
- 快速的决策。
- 强烈的客户关注。

什么能创造组织的敏捷？我们发现一些在成功核心方面起着具体领导作用的实践。它们始于夯实项目管理基础，包括重视有经验、受过培训的专业人士的价值，并且把他们所用的项目集管理实践进行标准化。敏捷的组织会积极争取执行发起人的参与、将项目与战略保持一致，并且建立一个高度契合且有效的项目集管理办公室。他们还可能拥有更好的沟通者、更多的合作和更多的参与。他们使变更发生并有效管理风险。所有这些因素结合在一起，才能使他们有能力去调整和适应快速变化的市场条件。

高敏捷度的组织相比于低敏捷度的组织，会有更好的项目成果，如图 10-1 所示。

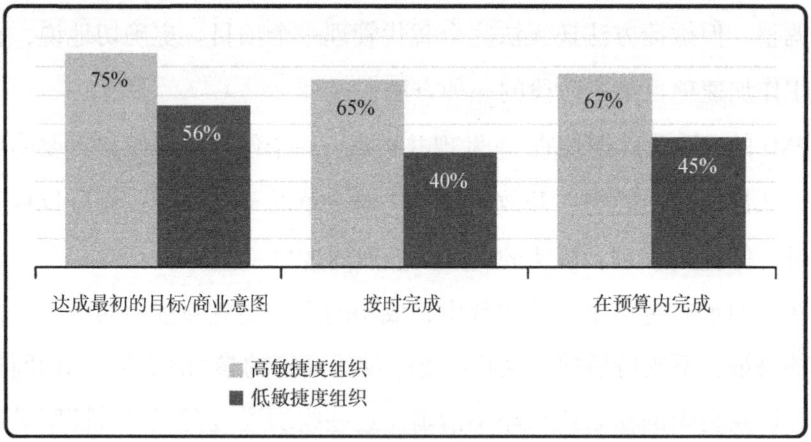

图 10-1　敏捷与项目成果

在项目管理领域，敏捷/增量/迭代式实践的应用持续在提升，有 38%的组织报告会经常使用，比 2013 年提升了 8 个百分点。在未来，敏捷实践的应用将继续普及。

项目集经理会影响项目集管理行业的未来状态。帮助体现项目集管理当前状态的场所之一是项目集管理实践社区，将在下章中详细介绍。

第 11 章 项目集管理实践社区

项目集经理需要了解组织的环境，因为它定义了项目集管理结构并塑造了项目集经理这个角色。项目集经理应该能影响业务导向型项目集的管理结构，因为它赋予业务导向型项目集经理角色以权力。项目集经理可以利用的一个场所是项目集管理实践社区。实践社区提供了论坛，可以进行项目集管理当前状态的分析、项目集过程改进倡议的讨论，以及最佳实践与知识的分享。本章将描述该实践社区对组织和项目集经理的价值，并阐述其基础、结构及运营情况。

本章包括以下部分：

- 项目集管理实践社区的价值。
- 项目集管理实践社区的基础、收益、结构和运营活动。

项目集管理实践社区的价值

项目集管理实践社区是一个论坛，允许项目集经理影响商业项目集管理结构、塑造项目集经理角色、帮助标准化项目集管理定义，并分享知识与最佳实践。

该实践社区既可以是组织内部的，也可以是组织外部的，通过网络站点如领英（LinkedIn）或类似 PMI 一样的专业协会连接在一起。尽管到 2016 年 1 月 PMI 会员还没有通过 PMI 建立当地的项目集管理实践者分会，但是在将来，这个机会一定会有。

内部的实践社区将允许项目集经理实现组织范围内全方位的收益，开始影响商业导向项目集的管理结构。外部的实践社区会创建一个收集知识和最佳实践的平台，用来标准化和持续改进项目集管理。

项目集管理实践社区的基础、收益、结构和运营活动

基础

每个项目集经理都可能找到项目集管理实践社区。组织可能支持实践社区的形成，因为它们将在如下四个方面提升组织的绩效：

- 帮助加速新项目集经理的入职与学习。
- 容许更快地应对客户需求与问询。
- 减少返工和避免“重新设计车轮”（Reinvention of the Wheel）。
- 激发对产品和服务的新灵感。

项目集经理可以通过准备和提交建议书给高管层来开始项目集管理实

践社区的发现过程。该建议书要为实践社区识别出需求，并且通过列出未来收益来验证在组织内建立它的合理性。建议书中要包括实践社区的结构，识别出将参与其中的项目集经理，定义出领导与参与者的角色与职责，并且描述出高管层的监管作用。建议书要列出实践社区的运营工作，包括会议的节奏、频次及向高管发起人更新信息的格式。

不同的高管都可能参与到项目集管理实践社区建议书的评审和批准中，包括项目组合经理、项目集管理办公室主任，以及聘用项目集经理的职能领域的副总裁。一旦这些高管评审并批准了该建议书，他们就会指定一位发起人，来提供高管层监管并确保实践社区与组织战略相一致。

一旦获得批准，实践社区领导人就要召开启动会，参与该实践社区的项目集经理和高管发起人都要参加。实践社区领导人要展示实践社区结构、角色与职责及会议节奏。参与者提供反馈，帮助确定项目集管理实践社区结构和会议节奏。会议期间，该领导要设法就实践社区的开办获取参与者的认同。项目集经理要安排定期会议，继续进行实践社区的启动。

收益

很重要的是要充分定义通过项目集管理实践社区所能实现的收益，从而能确认对于实践社区的需要，向资深高管阐述构建它的合理性，鼓励参与者参与其中，定义实践社区的目标，并且告知活动计划。本节我们将介绍实践社区的结构特征，因为它提供了收益定义的框架。我们还将考察项目集管理实践社区提供的收益。

实践社区会为参与者、社区及组织三类人提供收益。对参与者而言，实践社区创建了支持的环境，促进了学习和职业发展。它允许与职业人士、主题专家及高层领导互动，不受部门墙的阻隔。更确切地说，对参与者的收益包括：

- 拓宽组织意识并理解组织内不同的角色。
- 拓展在组织内的交际网络。
- 提升认可度并且提升专业声誉。
- 增强职业发展和学习。
- 改进与整个组织专业人士的互动。
- 加强与主题专家和高层领导的接触。

这个社区对组织决策者很有影响力。它还是知识分享与创意生成的平台。社区收益的生成来源于把参与者聚集在一起的收益，包括：

- 影响组织结构和决策的能力。
- 增加创意的生成。
- 一个知识共享的平台。

通过实践社区组织能实现多重收益。对组织最切实的收益是业务成果，因为实践社区的收益对项目的成功、过程的改进、新业务的产生及创新直接做出贡献。组织收益包括：

- 改进过程的时间与效率。
- 改进交付的效力。
- 增加新的业务和创新。

任何一个实践社区的结构特征都要由三方面来予以定义：知识、社区观念与实践。

- 知识领域创建共识基础，鼓励成员的参与，指导他们学习并赋予他们的行动以意义。
- 社区观念为学习创建社会根基。强大的社区会促进互动并鼓舞分享创意的意愿。
- 在为社区提供常规兴趣点的同时，实践还对围绕社区的发展、分享及其知识核心的保持等方面有特别的关注。

应用实践社区的结构化特性，我们可以验证项目集管理实践社区对参与者、社区及组织的收益所在，如表 11-1 所示。

表 11-1 项目集管理实践社区的收益

序号	项目集管理实践社区收益	实践社区领域		
		知识	社区观念	实践
1	影响围绕着项目集管理的组织结构	√	√	√
2	塑造商业项目集经理角色	√	√	√
3	标准化项目集管理并实施最佳实践	√	√	√
4	识别项目集管理当前与未来状态间的差距，并且识别出弥补此差距所需的改进措施	√	√	√
5	识别项目集经理角色当前与未来状态间的差距，并识别出弥补此差距所需的改进措施	√	√	√
6	实施来源于外部的（如项目集管理行业）或来源于内部的（如同一组织内不同项目集）最佳实践	√		√
7	在组织内不同项目集之间分享知识、项目集文档、发现及工件	√	√	
8	提升项目集的交付质量，帮助制定和实施项目集质量标准	√	√	√
9	庆祝项目集成功		√	√
10	确保组织范围内项目集管理的沟通		√	

项目集经理的领导和项目集经理参与者要定义项目集管理实践社区的收益。高管发起人批准收益，确保整体上的组织一致性。

基于识别出的收益，项目集经理的领导和项目集经理参与者要确立项目集管理实践社区的目标，并且制订年度行动计划。该计划包括本年度中要做的活动和要讨论的主题。比如，项目集管理实践社区确立的年度目标是标准化多个项目集间的项目集治理结构。为达成此目标，行动计划应包括对话：由每个项目集经理来讨论他们的项目集治理结构，比较与对照发现项，识别出差距，从而实施最佳实践。行动计划要向下分解到任务，这些任务成为项目集管理实践社区会议讨论的主题，可能包括：

- 识别最佳实践。
- 倡导新系统。
- 识别增强基础设施的需求。

项目集管理实践社区可能使用通过与项目集经理对话的模板来收集发现项。这些发现项再被分析，识别出共性的项目集实践与差距。应用这些发现项，项目集经理再提出建议。一旦被批准，这些建议就会被实施，来改进项目集管理实践。

成本

收益的生成总是与成本息息相关。对于一个实践社区而言，可能很难量化所有的成本并把它们与收益对照关联起来，因为在生成成本和实现收益之间会有时间差。实践社区的成本可能包括参与者的时间成本、实践的宣传资料及技术。

参与者的时间成本可以用小时费率乘以小时数来量化。出版发行成本可以量化宣传资料成本（比如，刊印预告实践社区活动的宣传单和包含发现项的宣传册的成本）。技术成本可以用小时设备成本来量化。实践社区会议可能是面对面的会议，也可能是虚拟会议。对于面对面的会议，技术成本可能是投影仪成本。对于虚拟会议，技术成本则可能是视频会议成本。

结构

项目集管理实践社区应该包括如下角色（见图 11-1）：

- 项目集发起人：一位高管，提供高管监管并确保组织一致性。
- 项目集经理领导：一位项目集经理，在某个确定时期中领导实践社区。

- 项目集经理参与者：项目集经理，参与实践社区的工作。

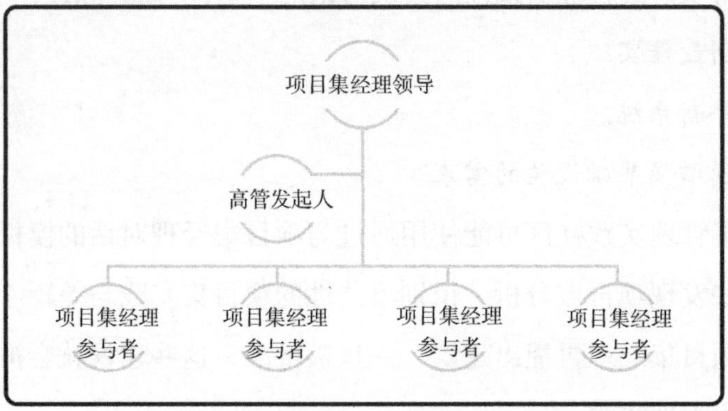

图 11-1　项目集管理实践社区组织结构

由于实践社区是志愿者组织，参与者们常常要处理冲突的优先级，至关重要的是确保应用以下这些关键步骤来参与：

- 清晰地定义实践社区的目的，并确保该目的考虑了所有参与者的需求。
- 通过量化收益来证明参与的合理性。
- 确保项目组合经理和项目集管理办公室主任的支持。

项目集经理参与者可以确保实践社区的成功，也能够通过积极展示如下三种能力来获取参与其中的最大收益：

- 社会临场感，包括与实践社区中其他人进行沟通。社会临场感的缺失可能构成障碍，阻碍人们参与到知识交换中。这些障碍的部分原因包括自我和人身攻击。
- 鼓励分享知识，对实践社区的成功至关重要。研究表明，当人们认为知识意味着公众利益、道德责任及社区权益时，会激励他们在实践社区中成为积极的参与者。实践社区的成员也可能通过使用某些方法，如有形的回报（职位晋升、加薪或奖金等）、无形的回报（尊重、自我实现等）及社区利益（交换与实践相关的知识、互动等），来鼓励他们参与。

- 协作，对确保实践社区的繁荣至关重要。

实践社区的成功，依赖社区的目的与目标、利益及该社区成员的资源情况。一旦实践社区运营起来，项目集经理领导就可能要采取各种行动来确保它的持续成功，包括：

- 设计可自然发展演化的社区。由于实践社区本质上是充满活力的，其利益、目标及成员也是客观变化的。实践社区论坛应该被设计为支持焦点的转换。
- 创建开启内部和外部视角对话的机会。成员及其知识是实践社区最有价值的资源。同时，去看看实践社区外部以了解不同的可能性对于实现他们的学习目的也是很有利的。
- 欢迎并且允许不同程度的参与：
  - 核心群体，在整个讨论和项目中都热情地参与。通常，该群体会在指导社区群体中担当领导角色。
  - 活跃群体，经常出席并参与，但没达到领导者的程度。
  - 外围群体，他们消极地参与社区的同时，仍然能从他们的参与水平中学习到东西。这个小组通常占社区人数的大部分。
- 拓展公众和私人的社区空间。通常，实践社区在公众空间中运行，所有成员都能在那里分享、讨论和激发创意，他们也应该提供私人的观点交换。实践社区的不同成员都可能基于特定的需求以个性化的方法来协调成员和资源间的关系。
- 关注社区的价值。实践社区应该为参与者创造机会来明确地探讨他们参与这个群体的价值和生产力。
- 把熟悉与兴奋结合起来。作为结构的一部分，实践社区应该既提供预期的学习机会，同时为成员提供机会分享他们所学到的经验，头脑风暴并验证与他们话题相关的传统惯例与激进思想。

- 发现并养成社区有规律的节奏。实践社区应该协调各活动和事件的成长周期，允许成员定期见面、反思和演变。这个节奏或说步调，应该保持一个预期的参与水平，来维持社区的活力，但是步子不能过快到强度无法操控甚至形成压倒之势。

如前所述，关注实践社区的价值是高度重要的。这就是为什么实践社区的首次会议一定要包括设定目标。对于第一年，短期目标可能包括制定组织结构并确保 80%的会议出席率。长期目标可能包括三年内影响项目集管理业务结构，并提供培训来确保业务项目集经理角色的转换。

为了确保外部的视角，建立新的学习机会并保持兴奋度，项目集经理领导与高管发起人一起邀请演讲嘉宾。演讲嘉宾可能是行业专家，政府官员，组织、国家和地区的项目集管理高管及来自各个部门的人员。

要保持一个预期的参与度水平，实践社区要具备一套结构，包括会议节奏，将在下节中详细描述。

运营活动

在实践社区开始之初，项目集经理领导就应该建立运营结构，包括：

- 就项目集经理领导服务任期达成一致意见。
- 安排实践社区会议。
- 安排高管发起人的更新。

每年，项目集管理实践社区的运营都要从目标设定开始。目标要包括对成功完成的测量方法。测量的例子可以包括会议出席情况和目标按期完成状况。项目集经理领导要获得高管发起人对目标的批准。项目集经理领导和高管发起人还要设立定期更新机制并就更新格式达成共识。

项目集经理领导设立并维护文档储存库（如 SharePoint 站点或者共享驱动器），并且存档所有的项目集管理实践社区资料，包括会议纪要、演示报告、分析等。

术语表

A Guide to the Project Management Body of Knowledge（*PMBOK® Guide*）《项目管理知识体系指南》(《PMBOK® 指南》)：一套适用于项目管理的标准术语与知识体系指南。

Activity-Based Approach 基于活动的方法：使用来源于某个相似项目集或组件的任务、历时和成本制订项目集管理计划。

Actual Finish Date 实际结束日期：任务完成的日期。任务可能按时、提前或者滞后于计划日期完成。

Actual Start Date 实际开始日期：任务开始的日期。任务可能按时、提前或者滞后于计划日期开始。

Administrative-Focused 以管理为中心的项目集管理职能：聚焦于管理的一种组织，表现为强烈关注独立的项目和对多项目强大的线性管理控制。

Affected Individuals or Organization 受影响的个人或组织：指那些认为项目集活动会给自己带来好处或使自己处于不利地位的个人或组织。

Agility 敏捷：指用迭代、增量的方法来管理工程、信息技术和其他商业领域的设计与建造活动，旨在以高度灵活与相互交互的方式提供新产品或服务的开发。

Alignment 一致性：指项目集支持并反映出组织商业战略优先级的程度。

Annual Strategic Planning Cycle 年度战略规划周期：指在组织价值的边

界内把组织的愿景和使命转换成战略计划的一个过程。

Automatically Scheduled Tasks 自动安排的任务：基于依赖关系、制约因素、日历表及其他要素，由每个项目计算出任务的开始、结束及历时时间值。

Baseline 基准：已被批准的工作产品版本，应用正式的变更批准程序方可对其进行变更，被用作与实际结果进行比较的依据。

Benefits 收益：是某些行动和行为的产物，会给预期受众带来效用、价值或者某种积极的改变。

Benefits Analysis and Planning 收益分析与规划：制定收益将如何实现，并通过开发收益度量指标来确定将如何监督收益的实现。

Benefits Management on a Program 项目集收益管理：指管理项目集的商业目标，并达成驱动项目集需求的业务结果。

Benefits Map 收益地图：提供了项目成果与通过项目集输出获得预期收益的可交付成果之间的可追溯性。

Benefits Metrics 收益度量指标：用来监督收益的增量交付，应包括增量式的收益交付日期和可量化的收益交付的测量。

Benefits Realization 收益实现：明确地阐明并测量项目和项目集将如何真正地给公司增加价值。

Benefits Realization plan 收益实现计划 ：正式记录了为达成项目集计划收益所必需的活动。

Benefits Registers 收益登记册：收集并罗列了项目集的计划收益，并在整个项目集历时中被用来测量和沟通收益交付情况。

Business Case 商业论证：是为有执行权的决策制定者所写的文件，评估了与当前投资机会相关的当前与未来的商业价值及风险情况。

Business-Focused Program Management 以业务为中心的项目集管理：是

聚焦于业务的一种组织，这种组织不遗余力地训练应用项目集管理实践。

Business Results 商业结果：是创建和实施项目集所交付的新的产品、服务和其他能力，所导致的有形商业成果。

Business Value 商业价值：包括为了优化公司的业务职能，项目集管理所提供的协同化改进。

Budget Hours Variance 预算工时偏差：指项目集预算与实际工时数间的差额。

Budget Resource Variance 预算资源偏差：指项目集预算与实际资源间的差额。

Budget Variance 预算偏差：指实际项目集成本与预算间的差额。

Bottom-up Budget Approach 自下而上预算方法：包括估算组件成本并把它们在项目集层面进行合并，从而计算出项目集预算。

Change Control 变更控制：是用来识别、记录、批准或否决对项目相关文件、可交付成果或基准修改的流程。

Change Control Board 变更控制委员会：是一个正式被授权负责审查、评估、批准、推迟或拒绝变更项目，并记录和传达该决策的群体。

Change Request 变更请求：修改文件、可交付成果或基准的正式提议。

Change Request Form 变更请求表格：是个文件，列出了对初始的项目集范围、时间线或预算所要做的变更，并提供了变更的合理性，以便帮助决定采取适宜的行动。

Communication Planning 沟通规划：一个活动，基于谁需要什么信息、何时需要它、如何把信息提供给他们，以及由谁来提供这些信息，来确定项目集利益相关方的信息与沟通需求。

Competitors 竞争者：作为其项目集的一个组件，指望实施组织项目集的收益。

Component 组件：项目集的任何一个部分，包括子项目集、项目和项目集运营管理活动。

Critical path 关键路径：代表项目中最长路径的活动序列，决定了可能的项目最短历时。参见关键路径活动和关键路径法。

Customers 客户：将要使用项目集的新能力/结果并获取预期收益的个人或组织。

Duration 历时：完成某个活动或工作分解结构组件所需要的工作时段总数，可以小时、天或周来表示。

Enterprise Resource 企业资源：整个组织资源清单的一部分，因此这些资源可以在多个项目间共享。通常，企业资源清单由管理者管理，每个项目经理会根据需要把这些资源加进自己的项目中。

Environmental Analysis 环境分析：过程，识别出内部和外部要素，分析它们对项目集的影响，并且制订计划来降低内部和外部要素给项目集带来的风险。

Facilitation-Focused Program Management 以引导为中心的项目集管理：是聚焦于引导的一种组织，它也是以项目为导向的，但是这些项目通常只是被有机地组合进项目集而非把它们战略性地整合在一起。

Finish Date 完成日期：任务执行的最后一天。完成日期通常指计划的完成日期。

Forecast Hours Variance 预测工时偏差：是项目集预测工时与实际工时数间的差额。

Forecast Resource Variance 预测资源偏差：是项目集预测资源与实际资源间的差额。

Forecast Variance 预测偏差：是项目集实际成本与预测成本间的差额。

Funding Organization 出资组织：是某个组织的一部分或者某个外部组

织，为项目集提供资金。

Gantt Chart 甘特图：展示进度信息的条形图，在甘特图中纵向列示活动，横向展示日期，用横条展示活动自开始日期到结束日期的持续时间。

Gaps 差距：在项目集管理的连续统一体中的差距表示出从当前位置转换到期望的项目集管理职能的一种组织变革需求。

Generic Resources 通用资源：被用来详细说明项目的人员需求，如木工、开发者或某组资源。

Governmental Regulatory Agencies 政府监管机构：是在地方和国家主权政府的管理与法律框架内运营的一些组织，以及其他非政府的标准与要求制定组织，它们所建立的标准或要求被要求遵守。

High Risk 高风险：会显著影响项目或组件成本、进度或绩效的风险。

Implementation Checklist 实施检查清单：定义了在特定环境中成功实施到终极状态所需的步骤。

Indicators 指标：展示出组件管理计划与项目集管理计划间的关联情况。

Integration-Focused 以整合为中心：是聚焦于整合的一种组织，它将项目视作受组织商业战略驱动的项目集的一部分。

Low Risk 低风险：对项目集或组件的成本、进度或绩效影响很小的风险。

Manually Scheduled Tasks 手动安排进度的任务：具有用户定义的开始、结束时间及历时。项目不能变更这些时间，但是如果输入数值时可能存在潜在问题的话，会给你警示。

Matrix Organization 矩阵组织：一种组织形式，在这种组织中团队成员不直接向项目集经理汇报，也并非只关注项目集工作。

Medium Risk 中等风险：会对项目集或组件的成本、进度或绩效形成某些影响的风险。

Microsoft Office Project Server：是微软提供的项目管理服务器解决方案。它以微软共享站点为基础，当客户应用微软项目软件时可支持项目间的信息互动，也可以通过互联网网页连接到微软的在线项目应用组件上。

Microsoft Project：是由微软开发和销售的一款项目管理软件程序，被设计用来帮助项目经理制订计划、分配任务资源、跟踪进展情况、管理预算和分析工作负荷。

Monthly Component Actual Cost 月度组件实际成本：在特定月份中为交付组件收益所花费的资金数量。

Monthly Component Actual Hours 月度组件实际工时：计算数值，用月度组件实际成本除以资源小时费率所得的商。

Monthly Component Actual Resources 月度组件实际资源：计算数值，用月度组件实际工时数除以每月工作小时数所得的商。

Monthly Component Budget 月度组件预算：计算数值，用组件总成本除以组件历时所得的商。

Monthly Component Budget Hours 月度组件预算工时：计算数值，用月度组件预算除以资源小时费率所得的商。

Monthly Component Budget Resources 月度组件预算资源：计算数值，用月度组件预算工时除以每月工作小时数所得的商。

Monthly Component Forecast Cost 月度组件预测成本：指在特定月份中为交付组件收益预计要花费的资金数量。

Monthly Component Forecast Hours 月度组件预测工时：计算数值，用月度组件预测成本除以资源小时费率所得的商。

Monthly Component Forecast Resources 月度组件预测资源：计算数值，用月度组件预测工时除以每月工作小时数所得的商。

Non-Enterprise Resources 非企业资源：或地方资源，是没有列入整个组织资源清单中的资源。其他的项目经理不能使用你的非企业资源在他们的项目上。

Organizational Agility 组织敏捷：指变革或快速适应市场条件或其他外部要素的能力，外部要素包括新的竞争者、新兴的技术、客户需求及突发的经济与社会政治转变。

Other Groups 其他群体：代表消费者、环境或其他利益方的群体。

Performing Organization 实施组织：借由组件项目和非项目工作来完成项目集工作的一个团体。

Phase Gate 阶段关口：为做出进入下个阶段、修改后再继续，或是结束项目或项目集的决策，而开展的阶段末评审。

Point of Transition 转型点：代表了一个决策点，在该决策点上高层领导做出将他们的组织由项目导向型转变为项目集导向型的抉择。

Portfolio 项目组合：为实现战略商业目标而组合在一起有效管理的一组项目、项目集、子项目组合和项目组合运营管理活动的集合。

Potential Customers 潜在客户：是曾经的或者未来的客户，他们会热切关注以便了解该项目集能多好地交付设定的收益。

Predecessor Activity 紧前活动：在进度计划的逻辑路径中，排在相关活动开始前的活动。

Program 项目集：经过协调管理以获取单独管理所无法取得的收益的一组相互关联的项目、子项目集和项目集活动。

Program Actual Tracking Process 项目集实绩跟踪过程：在组件层面获取实际项目集成本并加总得出总成本的一个再现过程。

Program Benefits Delivery Phase 项目集收益交付阶段：项目集生命周期的第二个且不断迭代的阶段。在该阶段中，项目集经理规划、整合并管理项目集组件，促进预期的项目集收益交付。

Program Benefits Management Domain 项目集收益管理绩效域：定义、创建、最大化、交付和维持项目集所提供的收益。

Program Benefits Management 项目集收益管理：识别项目集计划的收益并监督项目集实现这些收益能力的过程。

Program Benefits Management Strategy 项目集收益管理策略：定义出如果项目集能收到必要的资金并适宜地实施的话，将如何为组织战略目标的实现做出贡献。

Program Budget 项目集预算：要交付项目集收益所需的项目集总成本。

Program Change Control 项目集变更控制：识别、记录、批准或否决对相关项目文件、可交付成果或基准的修改的流程。

Program Closure Phase 项目集收尾阶段：项目集生命周期的第三个也是最后的阶段。在该阶段中，项目集经理执行受控的项目集收尾工作。

Program Definition Phase 项目集定义阶段：项目集生命周期的第一个阶段，在此阶段中项目集经理扩展商业论证和战略计划目标，并充分定义预期的项目集成果。

Program Earned Value Management 项目集挣值管理：客观地测量项目集绩效与进展的项目集管理技术。

Program Financial Framework 项目集财务框架：定义了项目集的现金流，确保资金得以高效使用。

Program Financial Management Plan 项目集财务管理计划：项目集管理计划的一个组件，记录了项目集财务的所有方面：融资进度计划与里程碑、初始预算、合同支付与进度安排、财务报告活动及机制，以及财务指标等。

Program Forecast 项目集预测：估算项目集未来成本的再现过程。

Program Governance Board 项目集治理委员会：其成员负责授权和监管项目集。

Program Governance Domain 项目集治理绩效域：建立过程和程序以在整个项目集进程中都能保持对项目集管理的监管，并对适用的政策和实践提供决策支持。

Program Life Cycle 项目集生命周期：为交付项目集收益而遵循的一系列阶段。

Program Life Cycle Management Domain 项目集生命周期管理绩效域：管理与项目集定义、项目集收益交付和项目集收尾相关的所有项目集活动。

Program Management Community of Practice 项目集管理实践社区（PgMCoP）：使项目集经理能影响商业项目集管理结构，塑造商业项目集管理角色，帮助标准化项目集管理定义与项目集领域，以及分享知识与最佳实践的一个会所。

Program Management Continuum 项目集管理连续体：在组织架构范围内对项目集管理的一种方法，定义了组织如何建立它们的项目集管理职能。

Program Management Office 项目集管理办公室：负责定义和管理项目集相关的治理过程、程序、模板，通过提供集中管理职能或为项目集经理提供专项帮助，来支持各个项目集管理团队的组织。

Program Management Performance Domain 项目集管理绩效域：把相关范畴的活动、关注或职能互补地组合在一起，使在整个项目集管理工作范围内某一绩效域中的活动都拥有独有的特征，并能与其他绩效域的活动区别开来。

Program Management Plan 项目集管理计划：贯穿整个项目集生命周期来指导项目集经理和项目集团队的关键文件。

Program Management Professional 项目集管理专业人士（PgMP）：由 PMI 颁发的一种认证资质，它是你拥有先进的经验与技能的显著标志，并在就业与晋升中会赋予你明显优势。

Program Manager 项目集经理：协调管理一组相互关联的项目而不是分别管理多个项目 。

Program Operational Management 项目集运营管理：项目集管理的一部分，包括超出单个项目范围的相关工作要素。

Program-Oriented Organizations 项目集导向型组织：完全应用项目集管理，通常会把项目集管理视作业务管理职能的一部分并把它与公司战略关联在一起的组织。

Program Planner 项目集计划员：负责更新项目集计划与进度计划（如甘特图），以便规划和汇报项目进展。这个角色可能存在于复杂些的项目集中。

Program Procurement Management 项目集采购管理：从事为获取产品和服务所需的必要活动。

Program Risk 项目集风险：一个或一系列事件或条件，其一旦发生，可能影响项目集的成功。

Program Risk Management Planning 项目集风险管理规划：识别出如何通过考虑其组件来为项目集处理和实施风险管理活动。

Program Risk Monitoring And Control 项目集风险监督与控制：识别、分析与规划新风险，跟踪已识别的和风险观察清单上的风险，并再分析现存风险的活动。

Program Road Map 项目集路线图：按时间序列图形化展示项目集的预期方向，同时书面展示时间序列上每个事件的成功标准。

Program Sponsor 项目集发起人：负责拥护组织资源在项目集的应用并确保项目集成功的个人。

Program Stakeholder Engagement Domain 项目集利益相关方参与绩效域：捕捉并理解利益相关方的需要、期待和期望，分析项目集对利益相关方的影响，获取并维持利益相关方的支持，管理利益相关方沟通，以及减轻利益相关方的抵制。

Program Steering Committee 项目集指导委员会：一个委员会，在整个项目集生命周期实施过程中都承担指导项目集这一重要角色。

Program Strategy Alignment Domain 项目集战略一致性绩效域：识别出通过实施项目集来达成组织战略目标的机会与收益。

Program Team Members 项目集团队成员：负责项目集各方面工作。他们或者对项目集战略或规划的定义做出贡献，或者监管和协调项目集所计划的一部分活动，包括组件和项目集运营管理活动。

Program Tools 项目集工具：包括状态报告、风险跟踪机制及财务工具。

Project 项目：为创造独特的产品、服务或成果而进行的临时性工作。项目的临时性是指项目具有明确的开始与结束。

Project Critical Path 项目关键路径：代表项目中最长路径的活动序列，决定了可能的项目最短历时。

Project Manager 项目经理：变革的代理者，他们制定自己项目的目标，并应用他们的技能与经验在项目团队内激发分享的意识。

Project Management Office Manager 项目管理办公室经理：负责在项目集范畴内定义和维护项目管理标准。

Project Management Software 项目管理软件：可以帮助计划、组织和管理资源工具并制定资源估算。

Project Management Institute 项目管理协会（PMI）：是推进项目管理领域专业化的国际组织，它通过制定标准、提供认证培训与扩展、实施调研和组织专业会议来做成此事。

Project Management Professional 项目管理专业人士（PMP）：是由 PMI 为项目经理们授予的最重要的、行业广泛认可的认证。

Project-Oriented Organizations 项目导向型组织：那些并没有全力应用项目集管理，而只是把项目集管理职能视为项目实施的延展，主要用它来实现管理需求的组织。

Project Planners 项目计划员：负责更新项目计划和进度计划（如甘特图），以便规划和报告项目进展情况。这个角色可能存在于复杂些的项目中。

Portfolio 项目组合：是把一系列的项目、项目集、子项目组合和项目组合运营管理活动组合在一起，来促使有效地管理工作，满足战略业务目标。

Quality Management 质量管理：确保为项目集整体和项目质量制订质量计划。

Resources 资源：通常指包括在项目计划中的人，无论他们是否已被分派到任务上。

Resource-Based Approach 基于资源的方法：建立项目集管理计划来指派资源给各个任务，基于任务历时来估算资源，并用产品工时乘以资源费率来计算项目集成本。

Resource Plan 资源计划：一个文件，内容包含资源估算和所有关于资源的信息记录，包括哪些角色会在项目集中发挥作用，他们何时参与何时退出等。

Resource Planning 资源规划：确定资源需求和所需资源时间安排的活动。

Resource Prioritization 资源优先级排序：项目集经理可以对那些供应不太充足的关键资源进行优先排序，从而在项目集内各个组件间优化对他们的使用。

Resource Requirements 资源需求：列出资源需求并定义资源将在项目集中所扮演角色的文件。

Return on Investment 投资回报率（ROI）：由某些资源的投入给投资者产生的收益。

Risk 风险：某个不确定的事件或条件，其一旦发生就会对一个或多个项目目标造成积极或消极的影响。

Risk Manager 风险经理：负责预先识别潜在风险、分析风险，并采取预防措施降低和减轻风险。

Stakeholders 利益相关方：代表所有与项目集互动及会受项目集实施影响的人。

Stakeholder Engagement Management 利益相关方参与管理：一个过程，在整个项目集生命周期都要与利益相关方沟通与合作，来满足他们的需求/期望，问题发生时处理问题，进而促进适宜的利益相关方对项目活动的参与。

Stakeholder Engagement Planning Activity 利益相关方参与规划活动：概述贯穿项目集始终所有利益相关方将如何参与项目集。

Start Date 开始日期：活动开始执行的第一天。开始日期常常是进度安排的开始日期。

Statement of Work 工作说明书（SOW）：一份文件，定义出供方要向顾客提供服务的特定项目活动、可交付成果及时间线。

Strategic Plan 战略计划：包括在某种程度上会受市场活力、客户与合作方要求、股东、政府规章制度，以及竞争对手计划与行动影响的一些动议。

Subprograms 子项目集：包含一些单个项目，但会作为其他项目集的一部分来管理的项目集。

Suppliers 供应商：产品和服务的提供方，他们常常受到政策和程序变更的影响。

System 系统：可以用来管理项目集管理计划并跟踪项目集进展，向任务指派资源，分析工作负荷及管理预算。

Task Mode 任务模式：显示出任务是手工安排进度还是自动安排。

Task Name 任务名称：组件或项目集中任务的名称。这是个文本框，可以输入任何文本，调整字体和应用格式。

Task Order Number 任务顺序号：最左列中的数字，列出任务序号以便一个个地开始。

Task Percent Complete 任务完成百分比：用百分比来展示任务是部分完成还是全部完成。根据任务完成百分比，微软的项目管理软件和其他系统可以算出迄今为止组件和项目集的完成百分比。

Time Line 时间线：按时间顺序展示事件列表的一种方法，有时会用项目产品来描述。

The Standard for Program Management 项目集管理标准：最早地提出对项目集管理的详细理解，定义出管理项目集的标准方法，并且概述实施项目集的方法论的文件。2006 年 PMI 发布了第一版《项目集管理标准》，截至目前，PMI 已经发布完成随后的两个版本。

Work Breakdown Structure 工作分解结构（WBS）：对项目团队为完成项目目标、创建所需可交付成果而需要实施的全部工作范围的层级分解。

反侵权盗版声明